21 世纪全国高职高专国际贸易类规划教材

国际贸易实务习题册

主　编　冯　静

副主编　王小霞

参　编　张丽英　陈春玲　刘　莹

PEKING UNIVERSITY PRESS

内容简介

本习题集是已经在北京大学出版社出版的由冯静主编的《国际贸易实务》的配套教学用书。全书按照原教材的篇章进行编写，做到一个篇章一个练习，并根据各个篇章教材的教学要求与特点对学生应该掌握的知识点进行处理，主要通过名词解释、单项选择题、多项选择题、判断题、技能操作和单证缮制题等题型对学生进行训练。为了便于学生自学并检验所学知识，本书提供了多套综合测试题。

图书在版编目（CIP）数据

国际贸易实务习题册/冯静主编．—北京：北京大学出版社，2010.3
（21 世纪全国高职高专国际贸易类规划教材）
ISBN 978-7-301-16789-2

I. 国… II. 冯… III. 国际贸易—贸易实务—高等学校：技术学校—习题 IV. F740.4—44

中国版本图书馆 CIP 数据核字（2010）第 017172 号

书　　名：国际贸易实务习题册
著作责任者：冯　静　主编
责 任 编 辑：卢英华
标 准 书 号：ISBN 978-7-301-16789-2/F · 2420
出　版　者：北京大学出版社
地　　　址：北京市海淀区成府路 205 号 100871
电　　　话：邮购部 62752015　发行部 62750672　编辑部 62756923　出版部 62754962
网　　　址：http://www.pup.cn
电 子 信 箱：zyjy@pup.cn
印　刷　者：三河市北燕印装有限公司
发　行　者：北京大学出版社
经　销　者：新华书店
787 毫米×980 毫米　16 开本　8.25 印张　177 千字
2010 年 3 月第 1 版　2010 年 3 月第 1 次印刷
定　　　价：16.00 元

前　言

本习题集是编者主编的《国际贸易实务》的配套教学用书。书中注重有关国际贸易实务的基本知识和基本理论的巩固，坚持理论与实际相结合，对于学生不易掌握的知识点和容易混淆的知识点做到重点训练和练习，利用各种题型的相应练习加宽知识点的覆盖面，达到强化训练的目的，努力使学生扎实地掌握所学知识，具备从事国际商务工作所必需的进出口贸易基本知识和基本技能，激发学生的学习兴趣。

本书按照原教材的篇章进行编写，做到一个篇章一个练习，并根据各个篇章教材的教学要求与特点对学生应该掌握的知识点进行处理，主要通过名词解释、单项选择题、多项选择题、判断题、技能操作和单证缮制题等题型对学生进行训练。为了便于学生自学并检验所学知识，本书提供了多套综合测试题。

本书由福建对外经济贸易职业技术学院国际经济贸易系的福建省省级精品专业——国际商务带头人冯静副教授主编，福建省省级优秀教学团队主要成员王小霞老师担任副主编，福建对外经济贸易职业技术学院国贸系张丽英、陈春玲、刘莹教师参与了本书的具体编写。

本书在编写过程中，得到了福建对外经济贸易职业技术学院各级领导、同仁以及与福建对外经济贸易职业技术学院国际商务专业进行产学研合作的福建财茂集团有限公司、福州德艺进出口有限公司的大力支持与帮助，在此表示衷心感谢。编写过程中参考了大量的国内外著作、教材和文献，在此特向有关作者致谢。

由于编者水平有限，加之时间仓促，书中难免存在着不足和缺陷，敬请各位读者提出宝贵意见和批评，以促进我们进一步改进和提高。

编　者

2009 年 10 月

目　录

第一篇　国际贸易的标的物……1

第二篇　贸易术语与商品价格……7

第三篇　国际货物交付……14

第四篇　国际货款的收付……27

第五篇　争议的预防与解决……34

第六篇　合同的商订与履行……41

第七篇　国际贸易方式……54

综合测试一……60

综合测试二……66

综合测试三……75

综合测试四……85

参考答案……94

第一篇　国际贸易的标的物

第 1~3 章　习题

一、名词解释

1．Sale by Sample

2．Counter Sample

3．Quality Tolerance

4．Shipping Mark

5．More or Less Clause

6．Neutral Packing

二、单项选择题

1．拍卖是______。

A．看货买卖　　B．凭卖方样品买卖

C．凭买方样品买卖　　D．凭对等样品买卖

2．“龙口粉丝”中用来表面商品品质的方法是______。

A．凭商标或品牌　　B．凭标准

C．凭规格　　D．凭产地名称

3．适用于在造型上有特殊要求或具有色、香、味方面特征的商品表示品质的方式是______。

A．凭等级买卖　　B．凭样品买卖

C．凭商标买卖　　D．凭说明书买卖

4．若合同规定有品质公差条款，则在公差范围内，买方______。

A．不得拒收货物　　B．可以拒收货物

C．可以要求调整价格　　D．可以拒收货物也可以要求调整价格

5．不能作为明确商品品质的标准，因而对买卖双方都没有约束力的样品是______。

A．参考样　　B．对等样　　C．买方样　　D．卖方样

6．国际标准化组织为适应国际贸易发展的需要而制定的品质管理和品质保证标准是______。

A．ISD 8000 系列标准　　B．ISD 9000 系列标准

C．ISO 8000 系列标准　　D．ISO 9000 系列标准

7．品质机动幅度条款一般适用于某些______。

A．工业制成品　　B．初极产品交易

C．机电产品交易　　D．仪表产品交易

8．一种样品若没有标明是参考样品还是标准样品，应看作______。

A．参考样品　　B．标准样品

C．没有任何意义　　D．双方协商

9．凭卖方样品成交时，应留存以备交货时核查之用的是______。

A．回样　　B．参考样　　C．复样　　D．确认样

10．如果合同中未明确规定以何种方法计重的话，其计量方法应为______。

A．毛重　　B．净重　　C．以毛作净　　D．公量

11．出口日用消费品，轻工业品及机械产品常用的计量单位为______。

A．重量单位　　B．数量单位　　C．长度单位　　D．面积单位

12．对于价值较低的商品，通常用来计算其重量的是______。

A．毛重　B．净重　C．以毛作净　D．法定重量

13．如进口羊毛，生丝等纺织原料，应使用的计量方法为______。

A．毛重　B．净重　C．公量　D．理论重量

14．对于大批交量的散装货，因较难掌握商品的数量，通常在合同中规定_____。

A．品质公差条款　B．溢短装条款

C．立即装运条款　D．不可抗力条款

15．对于某些品质变化较大而难以规定统一标准的农副产品，其表示品质的方法通常为______。

A．看货买卖　B．凭样品买卖

C．良好平均品质　D．上好可销品质

16．凭样品买卖时，如果合同中无其他规定，那么卖方所交货物______。

A．可以与样品大致相同　B．必须与样品完全一致

C．允许有合理公差　D．允许在包装规格上有一定幅度的差异

17．品质公差条款一般用于______。

A．工业制成品交易　B．初级产品交易

C．纺织品交易　D．谷物类产品交易

18．根据国际商会《跟单信用证统一惯例》600 号出版物的规定，在以信用证支付方式进行散装货物的买卖，若合同中未明确规定机动幅度，其交货数量可允许的增减幅度为______。

A．3%　B．5%　C．10%　D．15%

19．按照国际贸易惯例，如果合同中没有相关规定，则运输标志的提供方一般是_____。

A．开证行　B．卖方　C．买方　D．船方

20．在国际上，对冷冻鱼或冻虾等没有公认规格和等级的商品，其交货时规定品质的方法常用______。

A．良好平均品质　B．上好可销品质

C．看货买卖　D．凭样品买卖

三、多项选择题

1．以实物表示商品品质的方法有______。

A．看货买卖　B．凭样品买卖

C．凭规格买卖　D．凭等级买卖

2．在交易中采用看货买卖的商品是______。

A．字画　B．石油　C．珠宝　D．家用电器

3．商品的品质是商品的______综合。

A．使用环境　　B．化学成分　　C．外观形态　　D．内在品质

4．卖方根据买方来样复制样品，寄送买方并经其确认的样品，被称为______。

A．复样　　B．回样　　C．对等样品　　D．确认样

5． F．A．Q．是指______。

A．大路货　　B．上好可销品质

C．质量劣等　　D．良好平均品质

6．根据情况的不同，买卖合同中溢短装条款的选择权______。

A．只能归买方　　B．一般归卖方

C．必要时可以归承运人　　D．不可以归承运人

7．以下属于运输包装的标志是______。

A．运输标志　　B．条形码　　C．指示性标志　　D．警告性标志

8．“以毛作净”实际上是以______计算重量。

A．毛重　　B．净重

C．以毛重当作净重　　D．既按毛重又按净重

9．《联合国国际货物销售合同公约》规定卖方若短交，买方______。

A．可允许卖方在规定交货期满届前补齐

B．可保留索赔权利

C．可拒绝不合理开支

D．不可索赔

E．需承担额外开支

10．联合国制定的标准运输标志主要包括______。

A．目的地　　B．件数号码　　C．收货人代号

D．原产地标志　　E．参考号

四、判断题

1．（　　）采用凭样品成交时，为了争取国外客户，应选择质量最好的样品给对方，以达成交易。

2．（　　）在出口贸易中，表达品质的方法多种多样，为了明确责任，最好采用既凭样品又凭规格买卖的方法。

3．（　　）在约定的品质机动幅度或品质公差范围内的品质差异，除非另有规定，一般不另行增减价格。

4．（　　）某外商来电要我方提供大豆，按含油量 18%，含水分 14%，不完全粒 7%，杂质 1%的规格订立合同。对此，在一般情况下，我方可以接受。

5.（　　）为了适应国际市场的需要，我出口贸易中，应争取按买方样品达成交易。

6.（　　）回样又称对等样品，指卖方收到买方来样后，做一个复制品寄交对方。

7.（　　）按买方来样，我方复制一个样品寄交买方确认，这个样品即为复样。

8.（　　）ISO14000是国际标准化组织推出的重量管理和重量保证系列标准。

9.（　　）在合同中约定溢短装条款对卖方较为有利。

10.（　　）国际贸易中使用最多的计量方法是按重量计算。

11.（　　）按国际惯例，“吨”（Ton）是指公吨。

12.（　　）在国际贸易中，木材、天然气和化学气体习惯上按容积计算。

13.（　　）在国际贸易中一向贵重的金属如黄金，白银的习惯的计量单位是蒲式耳。

14.（　　）标准回潮率是指商品中的实际水分与干量之百分比。

15.（　　）公量比较适合于经济价值高，含水量又极不稳定的商品。

16.（　　）法定重量是海关征收从量税时常使用的计量依据。

17.（　　）运输包装上的标志就是指运输标志，也就是通常所说的唛头。

18.（　　）包装由卖方决定，买方不得要求使用特殊包装。

19.（　　）采用定牌出口商品时，除非买卖双方另有规定，一般都应在商品包装上注明“中国制造”字样。

20.（　　）进出口商品包装上的包装标志，都要在运输单据上表明。

五、技能操作题

1. 如卖方按每公吨150美元的价格出售某种商品1000公吨，合同规定数量允许有5%增减，由卖方决定。试问：（1）这是一个什么条款？（2）最多可装多少公吨？最少可装多少公吨？（3）如实际装运1040公吨，买方应付多少货款？

2. 今出口生丝10公吨，标准回潮率为11%，其实际回潮率则从10公吨货物中抽取部分样品进行测算，假设抽取10千克，用科学方法去掉10千克羊毛中的水分，若净剩8千克羊毛，试求其公量。

3．某公司向国外出口一批仪器，合同规定由买方提供唛头，但截至买方提供时间届满为止，仍未见其通知设计情况，而该公司货已备好。请问该公司应如何处理此事？

4．我国某出口公司向某国出口一批黄豆，合同规定：每公吨 180 美元，共计 1000 公吨，并且数量可增减 10%。从国外开来的信用证中规定金额为 18 万美元，1000 公吨。我方工作人员认为数量可增减 10%，便以 1100 公吨发货装运。请问：我方凭单证向银行议付时是否会遭到拒付？为什么？

5．我出口公司与美商凭样成交一批高级瓷器，复验期为 60 天，货到国外经美商复验后，未提出任何异议，但事隔一年，买方来电称：瓷器全部出现“釉裂”，只能处理销售，因此要求我方按成交价赔偿 60%，我接电话后立即查看留存的复样，发现其釉下也有裂纹。问：我方公司应如何处理？

6. 在荷兰某一超级市场上有黄色竹制罐装的茶叶一批，罐的一面刻有中文“中国茶叶”四字，另一面刻有我国古装仕女图，看上去精致美观颇富民族特点，但国外消费者少有问津，问其故何在？

第二篇　贸易术语与商品价格

第 4~5 章　习题

一、名词解释

1．Trade term

2．Symbolic Delivery

3．FOB

4．Commission

5．Discount

6．出口换汇成本

二、单项选择题

1．根据《2000 通则》的规定，由卖方办理进口手续的是______。

A．FAS B．DEQ C．DDP D．DDU

2．根据《2000 通则》的规定，由买方办理出口清关手续的是______。

A．FOB B．CIF C．CFR D．EXW

3．《联合国国际货物销售合同公约》规定，卖方的基本义务是______。

A．向买方提供运输 B．向银行提交合格的单据

C．向买方提交合格的货物和单据 D．向买方提交官方批准文件

4．按《2000 通则》解释，采用 FOB 条件成交时，风险转移界限是______。

A．货到目的港 B．货交买方

C．货交承运人 D．装运港越过船舷

5．FOB 条件下，买方未经卖方同意提前派船到港，则卖方______。

A．有权拒绝交货 B．无权拒绝交货，但可索赔

C．有权拒绝交货，不承担空舱费 D．必须马上交货

6．按《2000 通则》的解释，采用 CIF 条件时，因载货船舶不适航引起的货损由______。

A．卖方负担 B．买方负担

C．承运人负担 D．保险公司负担

7． FOB 与 CFR 术语的主要区别在于______。

A．风险划分的界限不同 B．办理运输的责任方不同

C．办理货运保险的责任方不同 D．办理进出口通关手续的责任方不同

8．按《2000 通则》的解释，与 CPT 相比，CIP 条件下卖方需多提交的单据是______。

A．运输单据 B．有关商业发票及电子单证

C．保险单据 D．出口许可证

9．在 EXW 条件下，货物被禁止出口的风险由______。

A．买方负担 B．卖方负担 C．承运人负担 D．运输代理人负担

10．如果用 FOB 价格成交，则成交价格就是______。

A．出口总成本 B．出口成本价格

C．出口外汇净收入 D．出口换汇成本

11．在国际贸易中，中间商的收入被称为______。

A．服务费 B．收益 C．佣金 D．折扣

12．正确表示含佣价的是______。

A．FOBS B．FOBT C．FOBC D．FOBST

13．在我国进出口业务中，计价货币选择应______。

A．力争采用硬币收付

B．力争采用软币收付

C．出口时采用软币计价收款，进口时采用硬币计价付款

D．进口时采用软币计价付款，出口时采用硬币计价收款

14．一笔业务中，若出口销售人民币净收入与出口总成本的差额为正数，说明该笔业务为______。

A．盈　B．亏　C．平　D．可能盈，可能亏

15．出口换汇成本高于当时的外汇牌价时，说明该笔出口业务______。

A．亏损　B．盈利　C．不亏不盈　D．不能确定

16．某合同价格条款规定为“每公吨280美元FOB悉尼”，这种价格是______。

A．净价　B．含佣价　C．到岸价　D．成本价

17．采用CIF术语成交，出口方欲不负担卸货费用，可选用______。

A．CIF EX TACKLE　B．CIF EX SHIP'S HOLD

C．CIF LINER TERMS　D．CIF LANDED

18．某合同中的价格条款规定如下：“每打FOB上海15英镑，总值4500英镑”。则此时英镑为______。

A．计价货价　B．支付货币　C．硬币　D．软币

19．我方某公司对外报价为CIF价1000美元，外商要求改报FOB价，假设保险费率为0.85%，运费为60元，则我方应报价______。

A．930.65美元　B．990.65美元　C．903.65美元　D．935美元

20．某买卖合同中规定：“如果卖方因国内原材料价格指数上升1%，对本合同未执行的数量，双方协商调整价格”。这是______。

A．固定价格　B．非固定价格　C．暂定价格　D．价格调整条款

三、多项选择题

1．下列有关象征性交货叙述正确的有______。

A．其英文为Physical Delivery

B．卖方履行交单义务后，不必履行交货义务

C．卖方须向买方提交有关单据，如物权凭证

D．卖方按期完成装运并提交合同规定全套合格单据，就算完成交货义务

E．一旦卖方按期将货物完好无损运抵目的港，买方则须支付货款

2．FOB与FCA相比较，其主要区别有______。

A．适用的运输方式不同

B．风险划分界限不同

C．交货地点不同

D．出口清关手续及其费用的承担方式不同

E．提交的单据种类不同

3．《1941 美国对外贸易定义修订本》与《2000 通则》中关于 FOB 术语解释的差异体现在______。

A．交货地点　　B．风险划分界限

C．卖方承担责任义务　　D．出口手续问题

4．在进出口合同中，单价条款包括的内容是______。

A．计量单位　　B．单价金额

C．计价货币　　D．贸易术语

5．下列表示出口商品单价正确的是______。

A．每箱 100 美元 FOB 上海　　B．每公吨 100 英镑 CIF 天津

C．每箱 50 欧元 FOB 大连　　D．每箱 50 美元 FOB 悉尼

6．出口成交价为 CIFC 价格时，计算外汇净收入需扣除的是______。

A．国内运费　　B．国外佣金

C．国外运费　　D．国外保险费

7．我国进出口商品的作价原则是______。

A．根据国际市场价格水平作价　　B．结合国别地区政策作价

C．结合购销意图作价　　D．以盈利为目标作价

8．下列单价条款对佣金描述正确的有______。

A．每公吨 150 美元 CIF 上海包括 2%的佣金

B．每公吨 150 美元 CIF 上海，每公吨付佣金 3 美元

C．每公吨 150 美元 CIFC 2%上海

D．每公吨 150 美元 CIFC 上海

9．按《2000 通则》解释，下列贸易术语的变形中卸货费用由买方承担的有______。

A．CFR LINER TERMS　　B．CFR LANDED

C．CFR EX SHIP'S HOLD　　D．CIF EX SHIP'S HOLD

10．在确定出口成交价格时，应考虑的具体因素是______。

A．商品的质量和档次

B．成交数量

C．运输距离

D．交货地点和交货条件

E．支付条件

四、判断题

1.（　　）如果买卖双方在合同中作出与国际惯例完全相反的约定，只要这些约定是合法的，将得到有关国家法律的承认和保护，并不因与惯例相抵触而失效。

2.（　　）按 CIF 术语成交的合同，货物的运输和保险都由卖方一手操纵，卖方应及时落实货源，安排船舶，申报出口，装船发运和办理投保手续，按时履行在装运港交货的义务，并负担到目的港之前的风险。

3.（　　）FOB 价格条件按各国惯例的解释都是由卖方负责申请领取出口许可证和支付出口税。

4.（　　）所有的 D 组贸易术语都是到货合同，都可以称为到岸价。

5.（　　）FCA、CPT、CIP 三种贸易术语中，就卖方承担的风险而言，FCA 最小，CPT 其次，CIP 最大。

6.（　　）如果出口换汇成本高于银行牌价，说明该笔出口交易是盈利的。

7.（　　）在国际贸易中，卖方所承担的风险、责任的大小与商品价格的高低成正比。

8.（　　）根据《2000 通则》的解释，采用 C 组贸易术语成交时，卖方订立运输合同、自负风险和费用将货物运抵指定目的地。

9.（　　）根据《2000 通则》的解释，按 EXW 条件成交时，如果卖方代办出口手续，货物被禁止出口的风险由卖方承担。

10.（　　）根据《2000 通则》的解释，买方无法办理货物出境手续时不宜采用 EXW。

11.（　　）出口成本价格就是出口成交价格。

12.（　　）出口成本价格与出口成交价格的不同在于所涉及的国外费用不同。

13.（　　）以 FOB 价格成交，成交价即为外汇净收入。

14.（　　）佣金是买方给卖方的价格减让。

15.（　　）CIF 价格构成中的保险费是以 FOB 价格为基础核算的。

16.（　　）进出口商品的净价是指不包括明佣和暗佣的实际价格。

17.（　　）在实际业务中，较常采用的作价方法是固定作价。

18.（　　）不论在何种情况下，固定作价都比非固定作价有利。

19.（　　）按 FOB、CFR、CIF 三种贸易术语的合同。货物在装运港越过船舷后，风险即告转移。因此，当货物到达目的港后，买方如发现到货品质、数量、包装有任何与合同规定不符的情况，卖方概不负责。

20.（　　）某出口公司以法国法郎计价成交了一笔出口交易。预计法国法郎将贬值，该公司应尽早地提前收款。

五、技能操作题

1．现报价为每件 100 美元 CFR 3%纽约，试计算 CFR 净价和佣金各为多少？如对方要求将佣金增加到 5%，试问应如何报价？

2．我国某公司出口某种商品，对外报价为每公吨 500 美元 FOB 青岛，现外商要求改为 CIF 旧金山，已知运费为 FOB 青岛价格的 3%，保险费费率为 1%，投保加成率为 10%，请问该如何报价？

3．某公司以每公吨 1000 美元 CIF 价格出口商品，已知该笔业务每公吨需要支付国际运输费用 100 美元，保险费率为 0.1%，国内商品采购价格为 5000 元人民币，其他商品管理费为 500 元，试计算该笔业务的出口换汇成本。

4．某外贸公司出口一批商品，国内采购价共 10000 元人民币，加工费支出 1500 元人民币，商品流通费是 1000 元人民币，税金支出为 100 元人民币，该批商品出口销售外汇净收入为 2000 美元（假设 USDl=CNY6.83）。试计算：

（1）该批商品的出口总成本是多少?

（2）该批商品的出口销售换汇成本是多少?

（3）该批商品的出口销售盈亏率是多少?

5．我某公司以 FOB 条件出口一批茶具，买方要求我公司代为租船，费用由买方负担。由于公司在约定日期无法租到合适的船，且买方不同意更换条件，以致延误了装运期，买方以此为由提出撤销合同，问买方的要求是否合理？

6．英国某公司以 CFR 条件进口一批大豆，在约定日期未收到卖方的装船通知，却收到卖方要求该公司支付货款的单据。过后我方接到货物，经检验部分货物在运输途中因海上风险而丢失，问该公司应如何处理？

7．我方按 CIF 条件进口一批床单，货物抵达我方后发现床单在运输途中部分受潮，而卖方已如期向我方提交了合同规定的全套合格单据并要求我方支付货款。问我方能否以所交货物受潮而拒付货款或向卖方提出索赔？

第三篇　国际货物交付

第六章　国际货物运输

一、名词解释

1．Bill of Lading

2．Stale B/L

3．International Multimodal Transportation

4．Partial Shipment

5．Transshipment

二、单项选择题

1．小件急需品和贵重货物，最佳的运输方式是______。

A．海洋运输　B．邮包运输　C．航空运输　D．公路运输

2．我国内地经由铁路供应港澳地区的货物，向买方收款的凭证是______。

A．国际铁路联运单　B．国内铁路联运单

C．承运货物收据　D．多式联运单据

3．有关装卸时间的规定方法中，最合理、目前采用最多的是______。

A．晴天工作日　B．24 小时晴天工作日

C．连续 24 小时晴天工作日　D．累计 24 小时工作日

4．下列不属于装运期的规定方法的是______。

A．明确规定具体装运期限　B．规定在收到信用证后若干天装运

C．笼统规定近期装运　D．规定在交货期若干天前装运

5．在班轮运价表中用字母“M”表示的计收标准为______。

A．按货物毛重计收　B．按货物体积计收

C．按商品价格计收　D．按货物件数计收

6．在国际货物运输中，使用最多的是______。

A．公路运输　B．铁路运输　C．航空运输　D．海洋运输

7．海运提单日期应理解为______。

A．货物开始装船的日期　B．货物装船过程中任何一天

C．货物装船完毕的日期　D．签订运输合同的日期

8．出口商办理装运后，凭______向船公司换取正式提单。

A．装货单　B．大副收据　C．商检证书　D．保险单

9．必须经过背书才能转让的海运提单是______。

A．记名提单　B．不记名提单

C．指示提单　D．不清洁提单

10．船长在提单上批注“旧麻袋包装”这种提单属______。

A．清洁提单　B．不清洁提单　C．议付时须货方提供保证

11．按《UCP 600》解释，若信用证条款中未明确规定是否“允许分批装运”、“允许转运”，则应视为______。

A．可允许分批装运，但不允许转运　B．可允许分批装运和转运

C．可允许转运，但不允许分批装运　D．不允许分批装运和转运

12．按 FOB 条件成交时，卖方在将货物备妥后，一般按约定向买方发出______。

A．装运通知　B．转运通知　C．保险通知　D．提货通知

13．当贸易术语采用 CIF 时，海运提单对运费的表示应为______。

A．Freight Prepaid　　B．Freight Collect

C．Freight Prepayable　　D．Freight Unpaid

14．在进出口业务中，能够作为物权凭证的运输单据是______。

A．铁路运单　　B．海运提单　　C．航空运单　　D．邮包收据

15．按提单收货人抬头分类，在国际贸易中被广泛使用的提单有______。

A．记名提单　　B．不记名提单

C．指示提单　　D．不清洁提单

16．海运提单中的 Through B/L 是指______。

A．直达提单　　B．联运提单　　C．指示提单　　D．转船提单

17．承运人收到托运货物，但尚未装船时向托运人签发的提单是______。

A．已装船提单　　B．指示提单　　C．备运提单　　D．倒签提单

18．信用证的到期日为 12 月 31 日，最迟装运期为 12 月 15 日，最迟交单日期为运输单据出单后 15 天，出口人备妥货物安排出运的时间是 12 月 10 日，则出口人最迟应于______向银行交单议付。

A．12 月 15 日　　B．12 月 25 日　　C．12 月 20 日　　D．12 月 31 日

19．签发多式联运提单的承运人的责任是______。

A．只对第一程运输负责　　B．必须对全程运输负责

C．对运输不负责　　D．只对最后一程运输负责

20．按一般惯例，速遣费通常为______。

A．滞期费的一半　　B．滞期费的 1/3

C．滞期费的一倍　　D．滞期费的 2/3

三、多项选择题

1．班轮运费的构成包括______。

A．基本运费　　B．附加运费

C．装卸费　　D．燃油费

2．国际邮包运输具有的性质是______。

A．集装箱　　B．多式联运

C．门到门　　D．航空运输

3．目前，国际贸易中常用到的大陆桥是______。

A．美国大陆桥　　B．加拿大大陆桥

C．西伯利亚大陆桥　　D．欧亚大陆桥

4．国际航空运输的方式有______。

A．班机运输 B．包机运输 C．集中托运 D．急件运送

5．在下列集装箱运输的情况下，船公司无法提供“门—门”的服务的条件是______。

A．FCL/FCL B．FCL/LCL C．LCL/FCL D．LCL/LCL

6．按照提单收货人抬头分类，提单有______。

A．清洁提单 B．不记名提单

C．记名提单 D．指示提单

7．按提单对货物表面状况有不良批注，可分为______。

A．清洁提单 B．不清洁提单

C．记名提单 D．不记名提单

8．海运提单的性质与作用主要是______。

A．它是海运单据的唯一表现形式

B．它是承运人或其代理人出具的货物收据

C．它是代表货物所有权的凭证

D．它是承运人与托运人之间订立的运输契约的证明

9．议付行议付时接受______。

A．Clean B/L B．Stale B/L

C．Order B/L D．Received for shipment B/L

10．联运提单与国际多式联运单据在性质上的区别是______。

A．适用的范围不同 B．签发人不同

C．签发人对运输负责的范围不同 D．运费率不同

四、判断题

1．（ ）如合同中规定装运条款为“2003 年 7 / 8 月份装运”，那么我出口公司必须将货物于 7 月、8 月两个月内，每月各装一批。

2．（ ）国际铁路货物联运的运单副本，可以作为发货人据以结算货款的凭证。

3．（ ）记名提单和指示提单同样可以背书转让。

4．（ ）在租船运输时，租船人要负责租船期间船舶的经营管理。

5．（ ）备运提单可注明“已装船”字样而为银行接受。

6．（ ）重量吨和尺码吨统称为运费吨。

7．（ ）货物装船后，托运人是凭船公司的装货单换取已装船提单。

8．（ ）同一船只在同一航次中，多次从不同港口装相同的货物，即为分批转装运。

9．（ ）指示提单也被称为“空白抬头，空白背书提单”，它不能通过背书而转让。

10．（ ）海运提单要求空白抬头和空白背书，是指不填写收货人和不要背书。

11．（　　）根据《跟单信用证统一惯例》的规定，如果信用证中没有明确规定是否允许分批装运及转船，应理解为允许。

12．（　　）我某公司二月中旬收到国外来证，证内规定：shipment to become within March，2006．经查二月份正好有班轮直达合同规定的目的港，同时货已如约备妥。在有船有货的情况下，为争取早日收汇，我方可于二月份装船出运。

13．（　　）在进出口合同中对于国外港口的规定，不宜使用诸如“欧洲主要港口”之类笼统的规定方法。

14．（　　）通过班轮运输货物，由承运人负责装卸，双方不计算装卸时间、速遣费和滞期费。

15．（　　）清洁提单是指不载有任何批注的提单。

16．（　　）在规定装运期时，如使用了“迅速”、“立即”、“尽速”或类似词句者，按《UCP600》规定，银行将不予置理。

17．（　　）海运单是承运人签发给托运人的货物收据，是物权凭证，可凭以向目的地承运人提货。

18．（　　）过期提单就是指过了装运期才签发的提单。

19．（　　）在托收方式下，为安全起见，提单的抬头最好应作成进口商。

20．（　　）转船需要增加费用，延误时间，故在我进出口合同中最好应加列“限制转船”的条款。

五、技能操作题

1．某公司出口产品共100箱，该商品的内包装为塑料袋，每袋重1磅，外包装为纸箱，每箱100袋，箱的尺寸为47×39×26（厘米），经查该商品为5级货，运费计收标准为“M”，每运费吨的基本运费为367港元，另加转船费15%，燃料费33%，港口拥挤费5%。问：该批货物的总运费是多少？

2．某商品纸箱装，每箱毛重45公斤，体积0.05立方米，原报价每箱38美元FOB天津，现客户要求改报CFRC 2%伦敦价。问：在不减少收汇额的条件下，我方应改报多少价格？（该商品计费标准为W/M，每运费吨的基本运费为200美元，到伦敦港口拥挤附加费为10%）

3．出口一批工具，共 19.6 公吨，14.892 立方米。由上海装船经香港至温哥华。经查，上海至香港，该货物计费标准为 W/M，8 级，基本运费率为每运费吨 20.5 美元；香港至温哥华，该货物计费标准为 W/M，8 级，基本运费率为每运费吨 60 美元，另收香港中转费，每运费吨 14 美元。计算该批货物的总运费。

4．我某出口公司按 CFR 条件向日本出口红豆 250 吨，合同规定卸货港为日本口岸，发货时，正好有一船驶往大阪，我公司打算租用该船，但在装运前，我方主动去电询问哪个口岸卸货时值货价下跌，日方故意让我方在日本东北部的一个小港卸货，我方坚持要在神户、大阪。双方争执不下，日方就此撤消合同。问题：试问我方做法是否合适？日本商人是否违约？

5．某农产品进出口公司向国外某贸易公司出口一批花生仁，国外客户在合同规定的开证时间内开来一份不可撤销信用证，证中的装运条款规定："Shipment from Chinese port to Singapore in May，　Partial shipment prohibited."此农产品进出口公司按信用证规定，于 5 月 15 日将 200 公吨花生仁在福州港装上"嘉陵"号轮，又由同轮在厦门港继续装 300 公吨花生仁，5 月 20 日农产品进出口公司同时取得了福州港和厦门港签发的两套提单。农产品公司在信用证有效期内到银行交单议付，却遭到银行以单证不符为由拒付货款。问：银行的拒付是否有理？为什么？

6．我某食品进出口公司向意大利出口 3000 公吨冷冻食品，合同规定 2000 年 4－7 月份交货，即期信用证支付。来证规定：Shipment during April/July，　April Shipment 800M/T，May Shipment 800M/T，June Shipment 800M/T，　July Shipment 600M/T。我公司实际出口情况是：4、5 月份交货正常，并顺利结汇，6 月份因船期延误，拖延到 7 月 12 日才实际装运出口。7 月 15 日我方在同轮又装了 600M/T，付款行收到单据后来电表示拒绝支付这两批货的款项，问：我方有何失误？付款行拒付有何依据？

第七章　国际货物运输保险

一、名词解释

1．Actual Total Loss

2．Constructive Total Loss

3．General Average

4．Abandonment

5．Insurance Policy

二、单项选择题

1．某公司出口货物在运输途中遭遇风暴，运输船舶与货物均沉入海底。该公司损失的货物应属于______。

A．部分损失　B．全部损失　C．共同损失　D．共同海损

2. 根据我国现行的《海洋运输保险条款》规定，下列风险不属于自然灾害的是______。

A. 地震 B. 海啸 C. 爆炸 D. 雷电

3. 在国际货物保险中，不能单独投保的险别是______。

A. 平安险 B. 水渍险 C. 战争险 D. 一切险

4. 按照国际保险市场的惯例，投保时的保险加成率一般为______。

A. 2% B. 5% C. 10% D. 没有惯例

5. 下列不在一切险承保范围内的险别是______。

A. 偷窃提货不着险 B. 渗漏险

C. 交货不到险 D. 碰损险

6. ICC（A）的承保风险类似我国的______。

A. 平安险 B. 水渍险 C. 一切险 D. 附加险

7. 某公司出口茶叶5公吨，在海运途中遭受暴风雨，海水涌入仓内，致使一部分茶叶发霉变质，这种损失属于______。

A. 实际全损 B. 推定全损 C. 共同海损 D. 单独海损

8. 有一批出口服装，在海上运输途中，因船体触礁导致服装严重受浸，如果将这批服装漂洗后再运至原定目的港所花费的费用已超过服装的保险价值，这批服装应属于______。

A. 共同海损 B. 实际全损 C. 推定全损 D. 单独海损

9. 我国海运货物保险条款中基本险的责任起讫采用的条款是______。

A. OCP B. 仓至仓 C. 港至港 D. 门到门

10. 为了防止运输中货物被盗，应该投保______。

A. 平安险 B. 一切险

C. 偷窃提货不着险 D. 一切险加保偷窃提货不着险

11. 舱面险属于______。

A. 一切险 B. 平安险 C. 水渍险 D. 附加险

12. 被保险人向保险人索赔的主要依据是______。

A. 提货单 B. 运输单据 C. 商业发票 D. 保险单据

13. 保险期限仅限于水上危险或运输工具上的危险的是______。

A. 短量险 B. 舱面险 C. 战争险 D. 罢工险

14. 某货轮在航行途中，A舱起火，船长误以为B舱也同时起火。命令对两仓同时施救。A舱共有两批货物，甲批货物全部焚毁，乙批货物全部遭水浸。B舱货物也全部遭水浸。在上述损失中，______。

A. A舱乙批货物与B舱货物都属单独海损

B. A舱乙批货物与B舱货物都属共同海损

C. A舱乙批货物属共同海损，B舱货物属单独海损

D．A 舱乙批货物属单独海损，B 舱货物属共同海损

15．按国际保险业中惯用的仓至仓条款，如果被保险货物从海轮上卸下后放在码头上而未运至收货人仓库，保险责任继续有效期限为______。

A．卸离海轮 60 天止　　B．卸离海轮 30 天止

C．卸离海轮 20 天止　　D．无期限

16．在海洋运输货物保险业务中，共同海损______。

A．是部分损失的一种

B．是全部损失的一种

C．有时是全部损失，有时是部分损失

17．我方与外商按 CIF 条件签约成交出口货物一批，由我方投保一切险。在装运港装船时，由于吊钩脱钩，造成数件落海。这一损失应由______。

A．我方持保险单向保险人索赔

B．对方持保险单向其当地的保险代理人索赔

C．我方向船方索赔

18．某批出口货物投保了水渍险，在运输过程中由于雨淋致使货物遭受部分损失，这样的损失保险公司将______。

A．负责赔偿整批货物

B．负责赔偿被雨淋湿的部分

C．不给予赔偿

D．在被保险人同意的情况下，保险公司负责赔偿被雨淋湿的部分

19．某公司按 CIF 出口一批货物，但因海轮在运输途中遇难，货物全部灭失，买方______。

A．可借货物未到岸之事实而不予付款

B．应该凭卖方提供的全套单据付款

C．可以向承运人要求赔偿

D．由银行决定是否付款

20．预约保险以______代替投保单，说明投保的一方已办理了投保手续。

A．提单　　B．国外的装运通知

C．大副收据　　D．买卖合同

三、多项选择题

1．我国海运货物保险条款将海运货物保险险别分别为______两类。

A．基本险　　B．附加险　　C．平安险　　D．水渍险

2．在海洋运输货物保险业务中，海上损失按程度可分为______两种。

A．全部损失　B．部分损失　C．实际损失　D．共同损失

3．属于海上风险的有______。

A．雨淋　B．地震　C．失火　D．锈损

4．土产公司出口肠衣一批，为防止在运输途中因容器损坏而引起渗漏，应投______。

A．渗漏险　B．一切险

C．一切险加渗漏险　D．水渍险加渗漏险

5．共同海损分摊时，涉及的受益方包括______。

A．货方　B．船方　C．运费方　D．救助方

6．某载货船只载着甲货主的 3000 箱棉织品、乙货主的 50 公吨小麦、丙货主的 200 公吨大理石驶往美国纽约。货轮启航的第二天不幸遭遇触礁事故，导致船底出现裂缝，海水入侵严重，使甲货主的 250 箱棉织品和乙货主的 5 公吨小麦被海水浸湿。因裂口太大，船长为解除船、货的共同危险，使船舶浮起并及时修理，下令将丙货主的 50 公吨大理石抛入海中，船舶修复后继续航行。货轮继续航行的第三天又遭遇恶劣气候，使甲货主另外 50 箱货物被海水浸湿，下列说法______是正确的。

A．因触礁而产生的船底裂缝及甲、乙货主的货物损失属于单独海损

B．使船舶浮起并及时修理而抛入海中的丙货主损失属于共同海损

C．因恶劣气候导致的甲货主 50 箱货物的损失属于单独海损

D．本案中各货主都投保了平安险，保险公司将对以上 A、B、C 损失给予赔偿

7．共同海损的构成条件有______。

A．必须确有共同危险

B．采取的措施是有意的、合理的

C．牺牲和费用的支出是非常性质的

D．构成共同海损的牺牲和费用的开支最终必须是有效的

8．当前，在进出口业务实践中所应用的海上保险单据有______。

A．保险单　B．保险凭证　C．联合凭证

D．保险通知书　E．批单

9．下列属于一般外来风险的是______。

A．茶叶在运输途中串味

B．化肥在运输途中包装破例

C．战争、罢工等风险

D．棉花在运输途中被雨淋

E．货物在运输途中发生破损

10．在海上保险业务中，构成被保险货物“实际全损”的情况有______。

A．保险标的物完全丧失　B．保险标的物丧失已无法挽回

C. 保险标的物失去原有使用价值　　　　　D. 船舶失踪达到一定时期

E. 收回保险标的物所有权花费的费用将超过收回后的标的价值

四、判断题

1.（　　）在我国外贸货物运输保险业务中，所有的险别均可适用“仓至仓”条款。

2.（　　）偷窃，提货不着险和交货不到险均在一切险的范围内，只要投保一切险，收货人若提不到货，保险公司均应负责赔偿。

3.（　　）不论在实际全损和推定全损的情况下，保险公司都要按保险金额全额赔偿。

4.（　　）我方以 CIF 香港成交水泥 1500 包，装船时落水 5 包，虽己办理保险，但因货物尚未上船，故保险公司不负责赔偿。

5.（　　）在 CIF 出口合同中，保险条款规定为投保一切险及战争险，后买方来证要求加罢工险，我方可同意，也不必另加保险费。

6.（　　）我某公司按 FOB 贸易术语进口时，在国内投保了一切险，保险公司的保险责任起讫应为“仓至仓”。

7.（　　）出口玻璃器皿，因运输途中易出现破碎，故应在投保一切险的基础上加保破碎险。

8.（　　）不论按何种贸易术语成交的业务，凡在中国人民保险公司投保的，如发生保险索赔，均应在中国境内办理。

9.（　　）我进口货物一批，投保一切险，货物在海运途中部分被火焚。经查，一切险中 11 种附加险并无火险。对此损失保险公司不承担责任。

10.（　　）保险单如需转让时，应由保险公司背书。

11.（　　）如果被保险货物运达保险单所载明的目的地，收货人提货后即将货物转运，则保险公司的保险责任延续到目的地仓库时中止。

12.（　　）在出口业务中，保险单日期不能迟于提单日期。

13.（　　）在国际贸易中，向保险公司投保一切险后，在运输途中由于任何外来原因造成的一切货损，均可向保险公司索赔。

14.（　　）按照中国人民保险公司现行的保险条款规定，凡已投保了战争险，若再加保罢工险，保险公司不另行增收保险费。

15.（　　）所谓“仓至仓条款”就是指船公司负责将货物从装运地发货人的仓库运送到目的地收货人的仓库的运输条款。

16.（　　）在海洋运输货物保险业务中，涉及单方面利益的损失，达到全部损失程度时，应按全损处理。

17.（　　）10000 元的货损失了 650 元，如果绝对免赔率为 5%，则赔 150 元。

18.（　　）保单一经批单后，即按修改内容执行。

19．（ ）投保一切险后，货物在运输途中发生自然损耗、或运输延迟或市价涨落，保险公司均应负赔偿之责。

20．（ ）在运输途中货物所发生的水渍损失均属水渍险的范围。

五、技能操作题

1．我出口公司规定按发票金额 110%投保，如发票金额是 1200 美元，投保金额是多少？又如投保一切险和战争险，前者保险费率为 0.6%，后者保险费率为 0.04%，共应付保保险费若干？

2．我某公司以 CIF 术语出口一批化肥，装运前按合同规定已向保险公司投保水渍险，货物装妥后顺利开航。载货船舶启航后不久在海上遭受暴风雨，海水涌入舱内，致使部分化肥遭到水渍，损失价值达 1000 美元。数日后，又发现部分化肥外包装破裂，估计损失达 1500 美元。问该损失应由谁承担？为什么？

3．某货物从天津新港驶往新加坡，在航行途中船舶货舱起火，大火蔓延到机舱，船长为了船、货的共同安全，决定采取紧急措施，往舱中灌水灭火。大火虽被扑灭但由于主机受损，无法继续航行，于是船长决定雇用拖轮将船拖回新港修理。检修后重新驶往新加坡。事后调查，这次事件造成的损失有：（1）1000 箱货被火烧毁，（2）600 箱货由于灌水灭火受到损失，（3）主机和部分甲板被烧毁，（4）拖船费用，（5）额外增加的燃料和船长、船员工资。从上述各项损失性质来看，各属于什么海损？

4．我方按 CIF 纽约出口冷冻羊肉一批，合同规定投保一切险加战争险、罢工险。货到纽约后，适逢码头工人罢工，货物因港口无法作业不能卸载。第二天货轮因无法补充燃料，以致冷冻设备厅级。等到第五天罢工结束，该批羊肉已变质。问进口商向保险公司索赔是否合理？

5．我国某外贸公司向日、英两国商人分别以 CIF 和 CFR 价格出售蘑菇罐头，有关被保险人均办理了保险手续。这两批货物自启运地仓库运往装运港的途中均遭受损失，问这两笔交易中各由谁办理货运保险手续？该货物损失的风险与责任各由谁承担？保险公司是否给予赔偿？并简述理由。

第四篇　国际货款的收付

第 8~9 章　习题

一、名词解释

1．Draft

2．Acceptance

3．Endorsement

4．D/P·T/R

5．Stand by L/C

二、单项选择题

1．下列支付方式属于顺汇方法的是______。

A．汇付　B．托收　C．信用证　D．银行保函

2．使用 D/P、D/A 和 L/C 三种结算方式，对于卖方而言风险由大到小依次为______。

A．D/A、D/P 和 L/C　B．L/C、D/P 和 D/A

C．D/P、D/A 和 L/C　D．D/A、L/C 和 D/P

3．下列支付方式属于银行信用的是______。

A．汇付　B．托收　C．信用证　D．票汇

4．在国际贸易中，用以统一解释调和信用证各有关当事人矛盾的国际惯例是______。

A．《托收统一规则》　B．《国际商会 600 号出版物》

C．《合约保证书统一规则》　D．《国际商会 434 号出版物》

5．一张有效的信用证，必须规定一个______。

A．装运期　B．有效期　C．交单期　D．议付期

6．按照《跟单信用证统一惯例》的规定，受益人最后向银行交单议付的期限是不迟于提单签发日的______天。

A．11　B．15　C．21　D．25

7．保兑行对保兑信用证承担的付款责任是______。

A．第一性的　B．第二性的　C．第三性的　D．第四性的

8．信用证的第一付款人是______。

A．进口商　B．开证行　C．出口商　D．通知行

9．注明"详情后告"的简电本通常______。

A．是正式的信用证文件　B．在法律上有效

C．可作为交单议付的依据　D．仅供参考

10．代收银行与付款人之间的关系是______。

A．买卖关系　B．不存在任何合同关系

C．代收关系　D．委托代理关系

11．持票人将汇票提交付款人要求付款或承兑的行为是______。

A．转让　B．出票　C．见票　D．提示

12．支票是以银行为付款人的______。

A．即期汇票　B．远期汇票　C．即期本票　D．远期本票

13．进出口业务中，T/T 指的是______。

A．信汇　B．电汇　C．票汇　D．信用证

14．D/P at sight 指的是______。

A．远期付款交单　B．即期付款交单

C．跟单托收　　D．承兑交单

15．开证行、保兑行审核票据的最长期限为收到单据翌日起第______个银行工作日。

A．五　　B．七　　C．九　　D．十

16．根据《跟单信用证统一惯例》，议付需______。

A．审核单据并付出对价　　B．仅需审核单据

C．仅需付出对价　　D．查明原因

17．在补偿贸易或易货贸易中经常使用的信用证是______。

A．循环信用证　　B．对开信用证

C．对背信用证　　D．红条款信用证

18．根据《跟单信用证统一惯例》的规定，可转让信用证只能转让______。

A．1 次　　B．2 次　　C．3 次　　D．4 次

19．在信用证结算方式下，汇票的受款人通常的抬头方式是______。

A．限制性抬头　　B．指示性抬头　　C．持票人抬头　　D．来人抬头

20．对于卖方而言，具有双重保证的信用证指的是______。

A．循环信用证　　B．跟单信用证

C．保兑信用证　　D．可转让信用证

三、多项选择题

1．进出口业务中，退票行为主要有______。

A．拒绝承兑　　B．拒绝付款

C．付款人死亡　　D．付款人宣告破产

2．在国际贸易中，属于银行信用的国际货款结算方式有______。

A．汇付方式　　B．托收方式　　C．信用证付款　　D．银行保函

3．汇票的付款期限的规定办法有______。

A．见票即付　　B．见票后若干天付　　C．出票后若干天付

D．提单日后若干天付　　E．指定日期付款

4．远期信用证和假远期信用证的区别在于______。

A．信用证条款不同　　B．利息的承担者不同

C．开证基础不同　　D．收汇的时间不同

5．备用信用证与一般的跟单信用证的区别主要在于______。

A．适用的范围不同

B．银行付款的条件不同

C．受款人要求银行付款时所需要提交的单据不同

D．备用信用证属于商业信用，而跟单信用证则属于银行信用

6．下列各项中，属汇票行为的有______。

A．背书　B．提示　C．承兑

D．交单　E．拒付

7．在信用证项下，如使用汇票应明确______。

A．出票人　B．受票人　C．汇票金额

D．汇票付款期限　E．主要条款

8．信用证支付方式的特点是______。

A．信用证是一种商业信用　B．信用证是一种银行信用

C．信用证是一种单据的买卖　D．信用证是一种自足的文件

9．下列叙述中属于托收的特点是______。

A．它属于一种商业信用　B．它是一种单证的买卖

C．它有利于调动买方订货的积极性　D．存在着难以收回货款的风险

10．本票与汇票的区别在于______。

A．前者是无条件支付承诺，后者是无条件的支付命令

B．前者的票面当事人为两个，后者则三个

C．前者在使用过程中无需承兑，后者则有承兑环节

D．前者的主债务人不会变化，后者的主债务人因承兑而发生变化

E．前者只能一式一份，后者可以开出一套

四、判断题

1．（　　）根据《跟单信用证统一惯例》的规定，凡信用证上未注明可否转让字样，即视为可转让信用证。

2．（　　）不可撤销信用证列有装运期，而未列有效期，按《跟单信用证统一惯例》的规定，应在最后装运期前向银行交单。

3．（　　）在承兑交单情况下，是由代收行对汇票进行承兑后，向进口商交单。

4．（　　）在票汇情况下，买方购买银行汇票径寄卖方，因采用的是银行汇票，故这种付款方式属于银行信用。

5．（　　）国外开来信用证规定装运期为某年 7 月 31 日，议付有效期为 8 月 15 日，我提供的提单签发日期为 7 月 20 日。我公司于 8 月 14 日向议付行交单，按惯例，银行应予以议付。

6．（　　）如果受益人要求开证申请人将信用证的有效期延长一个月，在 L/C 未规定装船期的情况下，同一 L/C 上的装运期也可顺延一个月。

7．（　　）信用证是一种银行开立的有条件的付款承诺的书面文件。

8．（　　）托收是商业信用，所使用汇票是商业汇票，信用证是银行信用，所使用汇

票是银行汇票。

9.（　　）买卖双方按 D/P·T/R 条件成交时，如日后汇票到期收不回货款，代收行应对卖方负责。

10.（　　）信用证上未规定可否分批和转船装运，出口商就必须一次性装直达轮，否则不能结汇。

11.（　　）受益人接受银行转交信用证修改书时，可以接受其中对受益人有利的一点或几点，而将其中不同意之点通知银行转告开证行撤销。

12.（　　）某公司出口劳保手套 10000 打，装货时发现有 500 打不合格，因装运期将届，来不及改证，且该证注明受“UCP600”约束，公司以装量可有 5%伸缩，故改装 9500 打，这样处理，符合规定。

13.（　　）银行汇票和商业汇票的区别是：前者的付款人是银行，后者的付款人是公司。

14.（　　）不可撤销信用证是指 L/C 一经开出，在有效期内，即使受益人提供的单据不符合信用证规定，开证行也必须付款。

15.（　　）出口人开出的汇票如遭付款人拒付，议付行有追索权。

16.（　　）在三种常用的支付方式中，对卖方来说信用证比较可靠，付款交单（D/P）与承兑交单（D/A）都有不同程度的风险，但承兑交单最易为买方接受，有利于达成交易。所以，在出口业务中，应扩大对承兑交单的使用。

17.（　　）采用 D/P（付款交单）托收是一种最安全的收汇方式。因为对方不付款，银行就不交单。

18.（　　）只要在 L/C 有效期内，不论受益人何时向银行提交符合 L/C 所要求的单据，开证行一律不得拒收单据和拒付货款。

19.（　　）进口人发现单证不符可拒绝赎单，此时开证行可向议付行或受益人追回货款。

20.（　　）除非 L/C 另有规定，可转让信用证的第一受益人可要求将信用证转让给本国或另一国家的一个或几个第二受益人。

五、技能操作题

1. 某公司持有一张承兑期限为 60 天的银行承兑汇票，票面金额为 100 万美元，为提前取得款项，该公司将该汇票拿到市场上进行贴现。已知当时市场上的年贴现率为 8%，手续费为 100 美元，则该公司贴现后可取得多少金额？

2．我某公司向非洲出口某商品 15000 箱，合同规定 1 月至 6 月按月等量装运，每月 2500 箱，凭不可撤销即期信用证付款，客户按时开来信用证，证上总金额与总数量与合同相符，但装运条款规定为“最迟装运期 6 月 30 日，分数批装运。”我方 1 月份装出 3000 箱，2 月份装出 4000 箱，3 月份装出 8000 箱。客户发现后向我提出异议。你认为我方这样做是否可以？为什么?

3．某出口公司收到一份国外开来的 L/C，出口公司按 L/C 规定将货物装出，但在尚未将单据送交当地银行议付之前，突然接到开证行通知，称开证申请人已经倒闭，因此开证行不再承担付款责任。问：出口公司如何处理？

4．我某公司向日本某商以 D/P 见票即付方式推销某商品，对方答复：如我方接受 D/P 见票后 90 天付款，并通过他指定的银行代收则可接受。试分析日方提出此项要求的出发点是什么？

5．我某出口企业收到国外开来不可撤销信用证 1 份，由设在我国境内的某外资银行通知并加以保兑。我出口企业在货物装运后，正拟将有关单据交银行议付时，忽接该外资银行通知，由于开证银行已宣布破产，该行不承担对该信用证的议付或付款责任，但可接受我出口公司委托向买方直接收取货款的业务。对此，你认为我方应如何处理为好？

6．信用证规定 3 月 31 日前交货，且信用证的有效期为 4 月 15 日，3 月 20 日装船，此时卖方决定 4 月 12 日交单，问题：（1）你认为合适吗？（2）如果实际装运日为 3 月 20 日，而卖方准备于 4 月 16 日交单，你认为合适吗?

7. 我国某出口公司 G 收到国外来证，其中在“DOCUMENT REQIRED”中要求如下：“BENEFICIARY'S SIGNED DECLARATION STATING THAT: 1/3 ORIGINAL MARINE B/L AND ONE SIGNED ORIGINAL OF EACH OTHER DOCUMENT PRESENTED AT THE BANK WERE SENT DIRECTLY TO BLL HAIFA BY SPECIAL COURIER（IF SHIPMENT EFFECTED BY SEA） OR PHOTOCOPY OF ORIGINAL CERTIFICATE OF ORIGIN AND ONE SIGNED ORIGINAL OF EACH DOCUMENT PRESENTED AT THE BANK WAS ATTACHED TO ATD ACCOMPANYING THE GOODS（IF SHIPMENT EFFECTED BY AIR）”（受益人签署的声明书，证明 1/3 正本提单和其他正本单据通过特别快件直接寄给 BLL HAIFA（如果是通过海运）或原产地证书的副本和其他正本单据已随货物（若通过空运））。G 公司将全套单据（3 份）正本提单及所要求的发票，装箱单及其他 REQUIRED DOCUMENTS 交给中国深圳通知行，后经中行复审无异后，然后交全套单据寄往国外开证银行承兑。中行于到期日收到开证行通知：“因所交单据与信用证要求不符，拒付货款.不符之处为：信用证在所需单据第（7）款中要求，若为海运，1/3 的正本单据需用特快专递直接寄往 BLL HAIFA.”因此，G 公司立即与客户联系，说明由于工作疏忽没有按信用证要求办理，请其尽快付款赎单。不久客户办理了付款赎单，终于顺利解决了此案。请问在此案中我们应注意什么？

第五篇 争议的预防与解决

第 10~13 章 习题

一、名词解释

1．Disputes

2．Breach of contract

3．Claim

4．Legal Inspection

5．Force Majeure

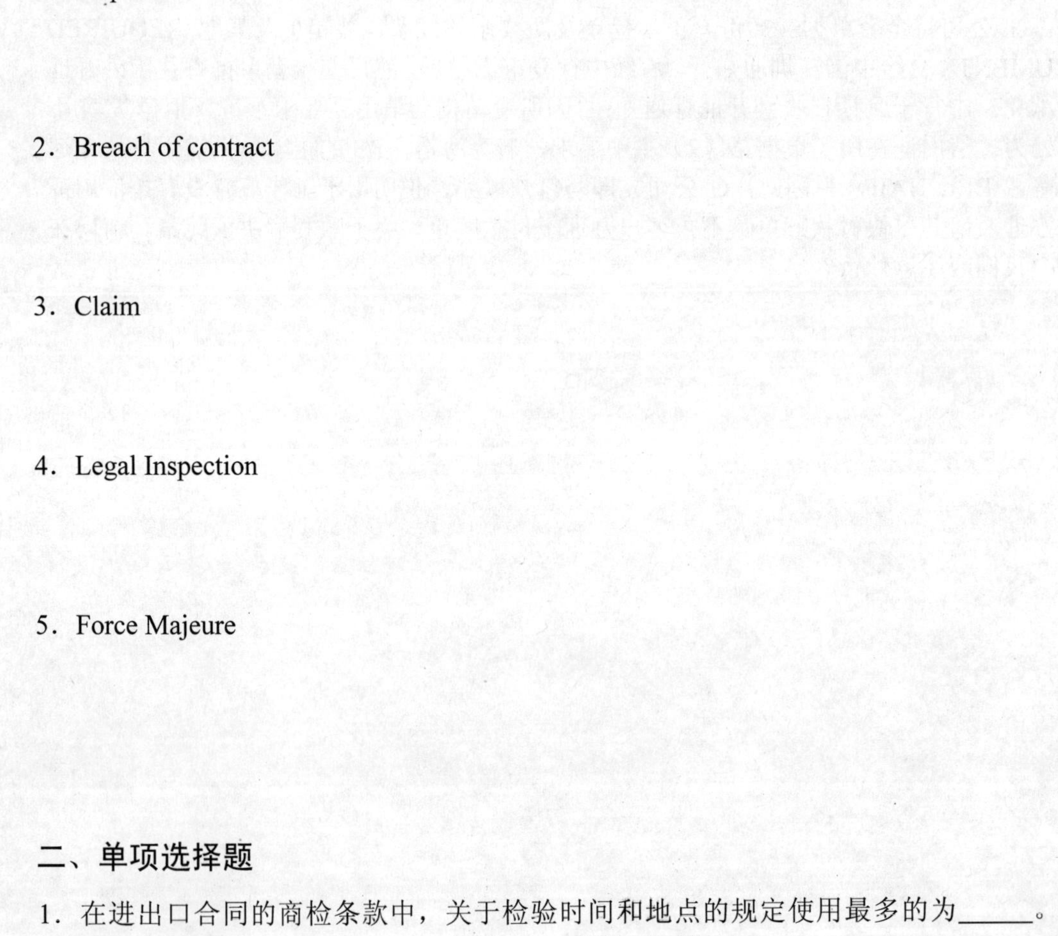

二、单项选择题

1．在进出口合同的商检条款中，关于检验时间和地点的规定使用最多的为______。

A．在出口国检验　　B．在进口国检验

C．在出口地检验，在进口地复检　　　D．在出口地检验重量，在进口地检验品质

2．货物在装运港装运前双方约定的检验机构对货物进行检验，该机构出具的检验证书作为决定交货质量，重量和数量的______。

A．初始依据　　B．最后依据　　C．粗略依据　　D．次要依据

3．运用各种检测手段，对进出口商品的质量、规格、等级进行检验后出具的书面证明是指______。

A．品质检验证书　　B．产地检验证书

C．价值检验证书　　D．重量检验证书

4．原产地检验证书的作用______。

A．进口方可据以享受免税或低关税待遇

B．出口方可据以享受免税或低关税待遇

C．使进口方掌握其真实的生产厂家

D．可使给予我国普惠制待遇的国家的进口方据以享受进口免税或低进口关税的待遇

5．在国际货物买卖合同中，作为卖方的 A 公司和作为买方的 B 公司，B 在合同签订后将 10 万美元定金先付给 A 公司，后 A 公司没有履行合同，问 A 公司应该返还 B 公司______万美元。

A．10　　B．20　　C．5　　D．25

6．会导致国际货物贸易争议发生的原因是______。

A．物价变动　　B．包装破裂

C．汇率变动　　D．政策变动

7．我国某公司与新加坡一家公司以 CIF 新加坡的条件出口一批土产品，订约时，我国公司已知道该批货物要转销美国。该货物到新加坡后，立即转运美国。其后新加坡的买主凭美国商检机构签发的在美国检验的证明书，向我提出索赔。问，美国的检验证书是否有效？______。

A．无效，应要求新加坡商检机构出具证明

B．有效

C．无效，应由合理第三国商检机构出具证明

D．其他

8．《联合国国际货物销售合同公约》规定的索赔期限为买方实际收到货物后______。

A．半年内　　B．1 年内　　C．1 年半内　　D．2 年内

9．按照国际惯例。索赔都有一定期限，超过期限的索赔为______。

A．无效　　B．有效

C．双方协商后确定　　D．由理赔双方决定

10．在国际货物贸易中出现的索赔，可以包括______。

A．贸易索赔　B．运输索赔　C．保险索赔　D．以上三者

11．在同外商商订买卖合同中的仲裁条款时，关于仲裁点有下列各种不同的规定，在其他各种交易条件不变的情下，其中______对我方最有利。

A．在双方同意的第三国仲裁　B．在被告国仲裁

C．在我国仲裁　D．在对方国家仲裁

12．以仲裁方式解决贸易争议的必要条件是______。

A．双方当事人订有仲裁协议　B．双方当事人订有合同

C．双方当事人无法以协商解决　D．一方因诉讼无果而提出

13．多数国家都认定仲裁裁决是______。

A．终局的　B．可更改的　C．无约束力的　D．不确定的

14．不可抗力免除了遭受事故的一方当事人______。

A．履行合同的责任　B．对损害赔偿的责任

C．交付货物的责任　D．支付货款的责任

15．不可抗力条款是一项______。

A．维护卖方权益的条款　B．维护买方权益的条款

C．免责条款　D．无法免责的条款

16．合同和法律的规定，是索赔时的______。

A．事实依据　B．法律依据　C．违约证据　D．违约事实

17．仲裁裁决一经做出，即对双方具有约束力，如果败诉方不肯自愿执行裁决，那么仲裁员：______。

A．可以强制当事人执行

B．并无强制当事人执行裁决的权力

C．可以向法院起诉，要求法院重新判决

D．可以帮助双方协商解决

18．某国外进口商在广交会订购我出口商品，合同中规定的一般条款中有商检、索赔、仲裁和不可抗力条款，后由于国外市场价格下跌，该商借口部分商品品质较差，拒绝收货，意以向当地法院起诉相讹诈，以达到降价的目的，在这种情况下，我应按下列办法之一答复：______。

A．因订有仲裁条款，应按条款规定仲裁解决

B．因在中国签约，故应向中国法院起诉

C．建议通过双方协商同意的第三国法院处理

D．答应对方要求

19．仲裁条款中一般规定仲裁费的承担者是______。

A．败诉方　B．胜诉方　C．仲裁方　D．提起仲裁方

20．在我国出具不可抗拒事件证明文件的机关是______。

A．外经贸部　B．出入境检验检疫局

C．海关　D．贸易促进委员会

三、多项选择题

1．合同的商品检验一般规定买方在接受货物之前享有对所购买的货物进行检验的权利。但在一定条件下，买方对货物的检验权丧失。这些条件是______。

A．买卖双方另有约定　B．买方没有利用合理的机会检验货物

C．合同规定以卖方的检验为准　D．卖方已经检验了货物

2．商检证书的作用有：______。

A．证明卖方所交货物符合合同规定的依据

B．是海关放行的依据

C．卖方办理货款结算的依据

D．是办理索赔和理赔的依据

3．进出口合同中索赔条款有两种规定方式：______。

A．异议条款　B．索赔条款　C．异议和索赔条款

D．罚金条款　E．检验和索赔条款

4．罚金条款一般适用于______。

A．卖方延期交货　B．买方延迟开立信用证

C．买方延期接运货物　D．一般商品买卖

5．在对外索赔与理赔工作中，______是很关键的问题。

A．保护好受损货物　B．想法核实对方的财产

C．收集好索赔的依据　D．掌握好索赔的期限

6．在国际贸易中，解决争议的方法主要有______。

A．友好协商　B．调解　C．仲裁　D．诉讼

7．仲裁的特点主要有______。

A．当事人意思自治　B．非公开审理

C．解决国际商事争议的最主要的方法　D．程序简便、结案较快、费用开支较少

8．仲裁裁决是终局的，这意味着______。

A．任何一方当事人不得向法院起诉

B．当事人不得向任何机构提出变更裁决的请求

C．如败诉方不执行裁决，胜诉方有权向法院起诉

D．当事人可以向法院起诉

E．当事人可以向其他机构提出变更裁决的请求

9．下列属于不可抗力事故的是______。

A．水灾　　B．地震　　C．政府禁令

D．通货膨胀　　E．汇率浮动

10．不可抗力引起的后果主要是______。

A．支付违约金　　B．解除合同　　C．延期履行合同

D．订立新合同　　E．改变合同当事人

四、判断题

1．（　　）按照我国商检法规定，法定检验的商品仅指《商检机构实施检验的进出口商品种类表》中的商品。

2．（　　）复验期限实际上就是索赔期限。

3．（　　）任何商品的商检证书，必须由商检局出具，才能作为议付的凭证之一。

4．（　　）在进出口业务中，进口人收货后，发现货物与合同不符合，在任何时候都可向供货方索赔。

5．（　　）若合同中无规定索赔条款，买方便无权提出索赔。

6．（　　）根据各国法律和有关公约的规定，买方对货物具有强制性的检验权。

7．（　　）凡是出口商品，都必须通过商检机构检验才能出口。

8．（　　）在国际货物买卖合同中，罚金和赔偿损失是一回事。

9．（　　）只要支付了罚金，即可不履行合同。

10．（　　）买卖双方为了解决争议而提起仲裁，必须要仲裁机构提交仲裁协议，否则仲裁机构不给予受理。

11．（　　）申请国际仲裁双方当事人事先应有仲裁协议，而向法院诉讼，一方可以起诉，无须事先征得对方同意。

12．（　　）仲裁协议必须由合同当事人在争议发生之前达成，否则不能提请仲裁。

13．（　　）仲裁裁决是终局的，一方不执行，仲裁法庭可强制执行。

14．（　　）出现不可抗力事故遭受事故的一方只要情况通知对方，就可以免除自己的合同应尽的全部责任和义务。

15．（　　）向西欧某商进口在当地通常可以买到的某化工产品，在约定交货前，该商所属生产上述产品的工厂之一因爆炸被毁，该商要求援引不可抗力免责条款解除交货责任。对此，我方应予同意。

16．（　　）我与外商签订一笔进口合同，不久该商品价格猛涨，外商援引不可抗力条款电传要求解除合同，我方只好同意。

17．（　　）一旦发生不可抗力事故，遭遇事故方只有征得对方同意才能不执行合同。

18．（　　）普惠制原产地证书 Form A 是证明有关商品原产地为该受惠国的专门证

件，是海关凭以减免关税的证件在这个意义上说，它是有价值的。

19.（ ）援引不可抗力条款的法律后果是撤销合同或推迟合同的履行。

20.（ ）目前我国对外贸易鉴定业务统一由我国商检机构或商检公司办理，不准外国商检机构在我国设立机构和办理鉴定业务。

五、技能操作题

1．某公司申请开出信用证向法国采购乳酪 3 公吨，价值 3 万美元，按 CIF 价进口。但当时货船抵达天津港时，却无货可提。经查询，该船在运输途中，乳酪被海水浸湿被船方投弃于海中。于是我方即向保险公司索赔，但一直未有结果。请问此事我方如何索赔？

2．我某公司与澳大利亚商人签订小麦进口合同 200 万公吨，交货期为某年 5 月份，但澳大利亚在交货期年度遇到干旱，不少小麦产区欠收 20%，而且当年由于俄国严重缺粮，从美国购买大量小麦，导致世界小麦价格上涨，澳商援引不可抗力条款提出推迟到下年度履行合同，中方是否可以同意？

3．A 国商人分别与 B 国和 C 国商人签订了出口合同。不久 A 国对 B 国宣战，进入战争状态，A 国商人遂以不可抗力为由，宣布撤销上述两个合同。你认为 A 国商人的行为是否合理？

4．中国某公司（买方）与美国某公司（卖方）签订了一份买卖成套机电设备的 CIF 合同。合同规定目的港为天津港，检验和索赔条款规定，买方有权在货物到达目的地后 90 天内根据商检报告提出索赔。卖方如期发运了货物。货到天津港后，买方没有申请商检，而是委托某汽车运输公司将货物运至最终用户所在地偏僻的 N 县城，并在当地申请商检局对货物进行检验，结果发现货物有某些残损，商检证书证明残损系发货前因素所致。买方依据商检证书，要求卖方赔偿损失。双方发生争议，提交仲裁。问：仲裁庭应如何裁决此案？

5. 我A公司从香港B公司进口马口铁一批，价值50万美元。A公司按合同规定开出信用证。开证行在信用证的有效期内收到合格单据，便付了款。货到后，A公司发现集装箱内全是铁桶，而铁桶内全是污水，根本没有马口铁，请问（1）B公司为什么能拿到货款，这是否属于违约？（2）A公司在此事件中应吸取什么教训？

第六篇　合同的商订与履行

第十四章　合同的洽商与订立

一、名词解释

1．Inquiry

2．Offer

3．Counter Offer

4．Acceptance

5．Business negotiation

二、单项选择题

1．交易磋商的两个基本环节是______。

A．询盘、接受　　B．发盘、签合同　　C．接受、签合同　　D．发盘、接受

2．某发盘人在其订约建议中有“仅供参考”字样，则这一定约建议为_____。

A．发盘　　B．递盘　　C．邀请发盘　　D．还盘

3．英国某买方向我轻工业出口公司来电“拟购美加净牙膏大号1000罗请电告最低价格最快交货期”，此来电属交易磋商的______环节。

A．发盘　　B．询盘　　C．还盘　　D．接受

4．下列发盘有效的是______。

A．请改报装运期10日复到有效

B．你15日电每公吨30英镑20日复到有效

C．你15日电可供100件参考价每件8美元

D．你15日电接受，但以D/P替代L/C

5．据《公约》规定，下列哪些为一项发盘必须具备的基本要素______。

A．货名 品质 数量　　B．货名 数量 价格

C．货名 价格 支付方式　　D．货名 品质 价格

6．发盘的撤回与撤销的区别在于______。

A．前者发生在发盘生效后，后者发生在发盘生效前

B．前者发生在发盘生效前，后者发生在发盘生效后

C．两者均发生在发盘生效前

D．两者均发生在发盘生效后

7．某项发盘于某月12日以电报形式送达受盘人，但在此前的11日，发盘人以一传真告知受盘人，发盘无效，此行为属于_____。

A．发盘的撤回　　B．发盘的修改　　C．一项新发盘　　D．发盘的撤销

8．我方某进出口公司于2001年11月6日向英国伦敦某公司发一实盘，限11月10日复到有效，当天下午三点发现价格报错，比内部掌握价低30%，按照《公约》规定只要立即通知受盘人，而且该通知先于或与原发盘同时到达则______。

A．此发盘可以撤销　　B．此发盘可以撤回

C．若受盘人未接受可撤销　　D．此发盘不能撤回

9．在进出口业务中，一项口头发盘______。

A．只要接受就有效　　B．接受与否都无效

C．必须立即接受并写成书面文件才有效　　D．口头立即接受就视为有效

10．A公司5月18日向B公司发盘，限5月25日复到有效。A公司向B公司发盘的第二天，A公司收到B公司5月17日发出的，内容与A公司发盘内容完全相同的交叉发

盘，此时______。

A．合同即告成立

B．合同无效

C．A 向 B 或 B 向 A 表示接受，当接受送达对方时，合同成立

D．必须是 A 公司向 B 公司表示接受，当接受通知送达 B 公司时，合同成立

11．国外某买主向我出口公司来电"接受你方 12 日发盘请降价 5%"，此来电属______。

A．发盘　B．询盘　C．还盘　D．接受

12．根据《公约》的规定，受盘人对发盘表示接受，可以有几种方式，下列______不属此列。

A．通过口头向发盘人声明　B．通过书面向发盘人声明

C．通过沉默或不行为表示接受　D．通过实际行动表示接受

13．在交易磋商中，有条件的接受是______。

A．还盘的一种形式　B．接受的一种形式

C．发盘的一种形式　D．发盘的邀请

14．接受生效的时间，各国法律有不同规定，其中"投邮生效"原则是______所规定的。

A．英美法　B．大陆法　C．公约　D．我国合同法

15．我方某公司向国外客户发盘，限 3 月 15 日复到有效，3 月 12 日接到对方复电："你 10 日电接受，但以获得进口许可为准。"该接受实际上是______。

A．还盘　B．有效接受

C．逾期接受　D．只要我方未表态，即为接受

16．根据《公约》的规定，发盘和接受的生效采取______。

A．投邮生效原则　B．签订书面合约原则

C．口头协商原则　D．到达生效原则

17．我某进出口公司于 2007 年 11 月 15 日上午 8：50 用电报向美国 Smith Co. 发盘：2007 年 11 月 20 日复到我公司有效。11 月 18 日上午 10：00 同时接到 Smith Co. 的接受和撤回接受的电传。根据《联合国国际货物销售合同公约》的规定，对此"接受"______。

A．可以撤回。

B．不得撤回，必须与我某进出口公司签约。

C．视为撤销

D．在我某进出口公司同意的情况下，才可撤回。

18．"你 10 日电我方接受，即开证，希尽早装运"这一电文属______。

A．询盘　B．发盘　C．还盘　D．接受

19．关于逾期接受，《公约》规定______。

A．逾期接受无效

B．逾期接受是一个新的发盘

C．逾期接受完全有效

D．逾期接受是否有效，关键看发盘人如何表态

20．根据《公约》规定，合同成立的时间是______。

A．接受生效的时间　　B．交易双方签订书面合同的时间

C．在合同获得国家批准时　　D．在发盘送达受盘人时

三、多项选则题

1．构成一项发盘应具备的条件有______。

A．向一个或一个以上的特定人发出　　B．表明发盘人受该发盘的约束

C．发盘的内容必须十分确定　　D．发盘必须规定有效期

2．根据《公约》规定，发盘内容必须十分确定，所谓十分确定，指在发盘中，应包括下列要素______。

A．标明货物的名称

B．明示或默示地规定货物数量或规定数量的方法

C．明示或默示地规定货物的价格或规定确定价格的方法

D．标明货物的交货时间和地点

E．标明支付的办法

3．《公约》规定，一项已生效的发盘不能撤销的条件是______。

A．发盘规定了有效期　　B．发盘未规定有效期

C．发盘中明确规定该发盘是不可撤销的　　D．发盘中未表明是否撤销

E．受盘人有理由相信该发盘是不可撤销，并采取了行动

4．发盘效力终止的情况包括______。

A．过了发盘规定的有效时间或合理时间　　B．被受盘人拒绝或还盘

C．发盘人进行有效的撤销　　D．发盘人破产

5．根据《公约》规定，受盘人对下列哪些内容提出添加或更改，均作为实质性变更发盘条件______。

A．价格　　B．付款　　C．品质

D．数量　　E．交货时间与地点

6．“你10日电我方接受，但支付条件由D/P改为L/C即期”该电文是_____。

A．有效接受　　B．还盘　　C．对原发盘的拒绝

D．对发盘表示有条件的接受　　E．实质性变更发盘条件

7．构成一项有效接受必须具备的条件是______。

A．接受必须由合法的受盘人作出　　B．接受必须是无条件的接受

C．接受必须在发盘有效期内作出　　　　D．接受的传递方式应符合发盘的要求

8．我公司 15 日向日商发盘，限 20 日复到有效，日商 19 日用电报表示接受我方 15 日电，我方 21 日才收到对方的接受通知，此时______。

A．合同已成立

B．若我方毫不延迟地表示接受，合同成立

C．若我方缄默，合同成立

D．属于逾期接受，合同不成立

9. 根据我国《合同法》的规定，除非另有约定，当事人订立合同的形式可以采用______。

A．口头形式　　B．书面形式　　C．其他形式　　D．沉默形式

10．根据我国法律，下列_____合同不是一项有法律约束力的合同

A．法人通过其代理人，在其经营范围内签订合同

B．采取胁迫手段订立的合同

C．我某公司与法商以口头形式所达成的货物买卖合同

D．关于鸦片的买卖合同

四、判断题

1．（　　）发盘和发盘的邀请之区别在于对发盘人有无约束力，而不是发盘人有没规定有效期限。

2．（　　）在交易磋商过程中，发盘是由卖方作出的行为，接受是由买方作出的行为。

3．（　　）发盘必须明确规定有效期，未规定有效期的发盘无效。

4．（　　）在报刊上刊登的广告实际上是一项有效的发盘。

5．（　　）一项发盘表明是不可撤销的发盘，　则意味着发盘人无权撤回该发盘。

6．（　　）《联合国国际货物销售合同公约》规定发盘生效的时间为发盘送达受盘人时。

7．（　　）发盘在其生效前是可以修改或撤回的。

8．（　　）买方来电表示接受发盘，但要求将 D/P 即期改为 D/P 远期，卖方缄默，此时合同成立。

9．（　　）凡表示接受的信函及其他书面文件显示，不是由于受盘人延迟造成逾期，只要发盘人不表示异议，合同即可成立。

10．（　　）若发盘未规定有效期，则受盘人可以在任何时间内表示接受。

11．（　　）国际贸易买卖双方交叉发盘只要贸易条件完全相同，合同即成立。

12．（　　）某公司对外发盘，受盘人在有效期内来电表示接受，双方还未签订合同，该合同发现货源不落实，交货有困难，因此可以不再签订合同，也不承担交货责任。

13．（　　）根据《公约》规定，构成一项有效发盘，必须明确规定买卖货物的品质、数量、包装、价格、交付和货款的支付等六项主要交易条件缺一不可。

14.（ ）如果接受通知在接受期间的最后一天未能送达发盘人地址，因为那天在发盘人营业地是正式假日或非营业日，则接受期间应顺延至下一个营业日。

15.（ ）根据《公约》的规定，受盘人可以在发盘有效期内用开立信用证这一行为表示接受。

16.（ ）我某公司向国外 A 公司发一实盘，在有效期内，A 公司没有作出反应，而 A 公司却向我某公司发出接受的通知。这样我某公司与 A 公司就成了交易关系。

17.（ ）逾期送达发盘人的接受，只要发盘人默认，合同即成立。

18.（ ）我方某工艺品公司与国外洽谈一笔玉雕交易，经过双方对交易条件往返磋商之后，已就价格、数量、交货期等达成协议，我方公司于是在 8 月 6 日致电对方："确认售与你方玉雕一件……请先电汇 1 万美元。"对方于 8 月 9 日复电："确认你方电报，我购玉雕一件，条件按你方电报规定，已汇交你方银行 1 万美元，该款在交货前由银行代你方保管……"这笔交易于是达成。

19.（ ）接受与发盘一样是可以被撤销的。

20.（ ）凡对外签订的贸易合同都属于重要的涉外经济合同，因此，在发生争议时，都应按照我国有关法律处理。

五、技能操作题

1. 中国 A 公司于 8 月 10 日向荷兰 B 公司发盘：可供油 5000 公吨，CIF 鹿特丹 695 美元，该发盘于 8 月 14 日送达 B 公司。8 月 13 日 A 公司收到 B 公司来电：欲向你方购买 5000 公吨花生油，CIF 鹿特丹 695 美元。问 A、B 公司的合同是否成立？为什么？

2. 法国商人到我处访问时，我方业务员向他口头发出实盘，客户当时未回复，客户回到本国后认为此价格合理，又表示接受，我方拒绝，可否？

3. 甲公司于 5 月 7 日上午用航空信向乙公司寄出一项发盘，发盘通知中注有"不可撤销"字样，规定在 5 月 17 日前答复有效。但甲公司又于 5 月 10 日下午用电报发出撤回发盘通知，该通知与发盘于 5 月 11 日上午同时送达乙公司。乙接到实盘和撤回通知后，立即用电报发出接受通知。事后双方就合同是否成立问题发生争议，试问甲公司与乙公司之间合同是否成立?为什么?

4. 我某对外承包公司于 5 月 3 日以电传请德国供应商发盘出售一批钢材。我方在电传中声明：要求这一发盘是为了计算一项承造一栋大楼的标价和确定是否参与投标之用，我方必须于 5 月 15 日向招标人送交投标书，而开标日为 5 月 31 日。德供应商于 5 月 5 日用电传就上述钢材向我方发盘。我方据以计算标价，并于 5 月 15 日向招标人递交投标书。5 月 20 日德供应商因钢材价格上涨，发来电传通知撤销他 5 月 5 日的发盘。我方当即复电表示不同意撤盘。于是双方发生争议。5 月 31 开标，我方中标。随即电传通知德商我方接受 5 月 5 日的发盘，但德商坚持该发盘已于 5 月 20 日撤销，合同不成立。问：合同是否成立？为什么？

5. 2004 年 2 月 1 日巴西大豆出口商向我国某外贸公司报出大豆价格，在发盘中除列出各项必要条件外，还表示“编织袋包装运输”。在发盘有效期内我方复电表示接受，并称：“用最新编织袋包装运输”。巴西方收到上述复电后即着手备货，并准备在双方约定的 7 月份装船。之后 3 月份大豆价格从每吨 420 美元暴跌至 350 美元左右。我方对对方去电称：“我方对包装条件作了变更，你方未确认，合同并未成立。”而巴西出口商则坚持认为合同已经成立，双方为此发生了争执。分析此案应如何处理，简述你的理由。

第十五章　进出口合同的履行

一、名词解释

1．Booking Note（B/N）

2．Shipping Order（S/O）

3．Mate’s Receipt（M/R）

4．收妥结汇

5．出口押汇

二、单项选择题

1．出口合同的履行中一般不包括以下哪个环节______。

A．备货　　B．开证、改证　　C．报关、装船　　D．制单、结汇

2. 出口合同中的“三平衡”是指下列哪方面的综合平衡______。

A. 货证船 B. 货证款 C. 船证款 D. 货证船款

3. 在出口业务中对信用证的审核单位是______。

A. 银行 B. 出口商 C. 出口商和银行 D. 保险公司

4. 出口商对信用证的审核不包括______。

A. 受益人 B. 信用证金额 C. 索汇路线 D. 运输单据

5. 提单日后，受益人交单议付的最长期限是______。

A. 10 B. 15 C. 21 D. 30

6. 开证行、保兑行审核票据的最长期限为收到单据翌日起第______个银行工作日。

A. 五 B. 七 C. 九 D. 十

7. 出口企业在收到信用证后，对信用证内容进行审核应对照合同和______。

A. 《联合国国际货物销售合同公约》 B. 《跟单信用证统一惯例》

C. 《2000通则》 D. 我国的《合同法》

8. 卖方审证后有不能接受之处应向______提出修改。

A. 开证行 B. 开证申请人 C. 通知行 D. 付款行

9. 信用证的修改书应由______传递给出口商。

A. 开证行 B. 开证申请人 C. 任何银行 D. 原通知行

10. 某公司与外商签订出口合同，数量12000公吨。来证规定7、8、9、10月份分批等量装运。7月份装出3000公吨，8月份因货未备妥，没有装运。则______。

A. 9月份可装两批，共6000公吨 B. 8月份落空不补，9、10月份照装

C. 该证失效，不得继续使用 D. 8月份的货物延至11月份

11. 《联合国国际货物销售合同公约》规定，如合同未作规定，买方向卖方声称货物不符合同的时限，是自买方实际收到货物之日起______。

A. 半年 B. 1年 C. 2年 D. 3年

12. 海关发票的作用是______。

A. 主要是为了送银行议付 B. 主要是为了允许进口

C. 主要是作为估价完税和征收差别待遇关税或征收反倾销税的依据。

13. 我出口孟加拉一批货物，以CFR价格条件成交，该货于8月15日开始装船，8月18日装毕，8月20日启航，9月6日抵达目的港，9月8日客户提货，我交货日期是______。

A. 8月15日 B. 8月18日 C. 8月20日

D. 9月6日 E. 9月8日

14. 我方向泰国客户出口机器200台，来证规定不得分批装运，并受UCP600约束。但我方的机器100台在上海，100台在厦门，适有船从天津开往泰国，途经上海、厦门停靠，我们可______。

A. 请客户改证允许分批装运

B．将上海的 100 台机器运厦门装船

C．在上海、厦门分别装上这一航次的轮船

15．某公司签发一张汇票，上面注明“At 90 days after sight”，则这是一张______。

A．即期汇票　B．远期汇票　C．光票　D．跟单汇票

16．卖方可以在下列哪种情况下催促买方开立信用证______。

A．买方未按规定时间开证　B．货价出现变化

C．合同刚刚签定　D．卖方想延迟发货

17．某支票签发人在银行的存款总额低于他所签发的支票票面金额，他签发的这种支票称______。

A．现金支票　B．转帐支票　C．旅行支票　D．空头支票

18．信用证支付方式实际上是把进口人履行的付款责任，转移给______。

A．出口人　B．银行　C．供货商　D．最终用户

19．被保险人应在______具有可保利益。

A．投保时　B．保险单签发时

C．保险事故发生时　D．向保险公司索赔时

20．采用托收方式支付时，除个别来证另有规定外，汇票的受款人应填______。

A．托收行　B．代收行　C．进口人　D．出口人

三、多项选择题

1．国际货物买卖中，卖方的基本义务是______。

A．提交合格货物　B．提交合格单据　C．办理运输　D．办理保险

2．如信用证的修改通知书中包括多项修改内容，则卖方可______。

A．全部接受　B．部分接受　C．全部拒绝　D．部分拒绝

3．开证人申请开立信用证时，应向开证银行交付______。

A．押金　B．开证手续费　C．货款　D．邮电费

4．开证行可以拒付的理由为______。

A．单单不符　B．货与合同不符　C．信用证和合同不符

D．单证不符　E．开证人审核结果不符

5．议付行在审单时如果发现单证不符，变通的做法是______。

A．担保议付　B．电提方式征求开证行意见

C．改为托收　D．直接要求买方付帐

6．我国出口结汇的办法有______。

A．收妥结汇　B．押汇　C．定期结汇　D．信用证

7. 在我国签发原原地证明书的机构是______。

A. 工商局　　B. 海关

C. 商检局　　D. 贸易促进委员会

8. 信用证主要单据包括______。

A. 汇票、商业发票　B. 商检证书　C. 提单、保险单　D. 装箱单

9. 国际货物运输保险由买方办理的合同是______。

A. FOB 合同　B. CFR 合同　C. CIF 合同

D. CPT 合同　E. CIP 合同

10. 按照国际惯例，买方开证是卖方履行交货的先决条件，如果买方不开证，则卖方可以______。

A. 不履行交货　　B. 主张合同不存在

C. 提出损害赔偿　　D. 要求买方赔偿可预期的利润损失

四、判断题

1.（　　）在出口业务中，卖方履行合同的基本义务是向买方提交符合合同规定的货物。

2.（　　）我国某公司按 CIF 条件对外出口货物，结算方式为信用证。假设买方未在约定的时间内来信用证，而约定的装运期已到，为避免影响我国对外履约信誉，我公司仍应按期发运货物。

3.（　　）出口合同的履行过程中货、证、款三个环节最为重要。

4.（　　）出口备货环节包括准备好应交的货物和包装、刷唛等工作。

5.（　　）信用证有效期就是信用证的装运期。

6.（　　）对于信用证的银行费用， 我国的习惯做法是出口地的银行费用由出口方负担，进口地的银行费用由开证人负担。

7.（　　）信用证受益人审证后如发现有不能接受之处， 应直接要求开证行进行修改。

8.（　　）如果信用证修改通知中将装运期和提单的内容进行了修改，那么出口方可以接受装运期部分的修改，而拒绝接受提单内容的修改。

9.（　　）出口方或托运人可以凭收货单向船公司或其代理人换取正式提单。

10.（　　）报关是指出口货物装船后向海关申报出口放行的手续。

11.（　　）各种结汇单证签发日期应先后有序，才不致造成逻辑上的混乱和单单不符。这就是：商检证应先于保险单，保险单不应迟于提单，发票不应迟于汇票。

12.（　　）受益人对信用证修改通知接受与否，可延至向银行交单时再作表态。

13.（　　）我要求国外改证，国外回电已更改，并要求立即装船，于是照办。这样做是对的。

14.（　　）某公司进口设备到货后，发现与合同规定不符，但卖方及时自费对设备进行了修理，使设备达到了原定的标准。在此情况下，买方就不能提出任何损害赔偿要求。

15.（　　）汇票的抬头人通常是付款人，发票的抬头人是收货人，保险单的抬头是被保险人。

16.（　　）L/C 支付方式下，开具汇票的依据是 L/C，而托收方式下，开具汇票的依据是买卖合同。

17.（　　）在买方已经支付货款的情况下，即使买方享有复验权，也无权向卖方提出索赔。

18.（　　）运输标志和警告性标志均要在运输单据中标明。

19.（　　）在信用证未有规定的情况下，银行将接受以单独一份作为整套的正本出具的海运提单。

20.（　　）修改信用证时，可不必经开证行而直接由申请人修改后交给受益人。

五、技能操作题

1. 中方某公司与意大利商人在 2003 年 10 月份按 CIF 条件签订了一份出口某商品的合同，支付方式为不可撤销即期信用证。意大利商人于 5 月通过银行开来信用证，经审核与合同相符，其中保险金额为发票金额的 110%。我方正在备货期间，意大利商人通过银行传递给我方一份信用证修改书，内容为将保险金额改为发票金额的 120%。我方没有理睬，按原证规定投保、发货，并于货物装运后在信用证有效期内，向议付行议付货款。议付行议付货款后将全套单据寄开证行，开证行以保险单与信用证修改书不符为由拒付。问：开证行拒付是否有道理？为什么？

2. 我某公司与国外某客商订立一份农产品的出口合同，合同规定以不可撤销即期信用证为付款方式。买方在合同规定的时间内将信用证开抵通知银行，并经通知银行转交我公司，我出口公司审核后发现，信用证上有关装运期的规定与双方协商的不一致，为争取时间，尽快将信用证修改完毕，以便办理货物的装运，我方立即电告开证银行修改信用证，并要求开证银行修改完信用证后，直接将信用证修改通知书寄交我方。问：（1）我方的做法可能会产生什么后果？（2）正确的信用证修改渠道是怎样的？

3．我某公司凭即期不可撤销信用证出口马达一批，合同规定装运期为 2003 年 8 月份。签约后，对方及时开来信用证，我方根据信用证的要求及时将货物装运出口。但在制作单据时，制单员将商业发票上的商品名称以信用证的规定缮制为："MACHINERY AND MILL WORKS，MOTORS"，而海运提单上仅填写了该商品的统称："MOTORS"。问：付款行可否以此为由拒付货款？为什么？

4．我国 A 公司向印度 B 公司以 CIF 条件出口货物一批，国外来证中单据条款规定：商业发票一式两份；全套清洁已装船提单，注明"运费预付"；保险单一式两份。A 公司在信用证规定的装运期限内将货物装上船，并于到期日前向议付行交单议付，议付行随即向开证行寄单索偿。开证行收到单据后来电表示拒绝付款，理由是单证有下列不符：（1）商业发票没有受益人的签字；（2）正本提单是一份组成，不符合全套要求；（3）保险单上的保险金额与发票金额相等，所以投保金额不足。试分析开证行拒付的理由是否成立？

5．我某公司向国外出口某商品，L/C 中规定的装运期为 5 月份，交单期为 6 月 10 日前，L/C 的有效期为 6 月 25 日。该公司收到 L/C 后，及时准备货物，但因产品制作时间较长，货物于 5 月 27 日才全部赶制出来，装运后取得 5 月 29 日签发的提单。我方制作好单据于 6 月 8 日交单时，恰逢 6 月 8 日和 9 日是银行非营业日。问：我方最终能否从银行取得货款？为什么？

第七篇　国际贸易方式

第 16~19 章　习题

一、名词解释

1．Exclusive Agency

2．包销

3．Distributorship

4．Compensation Trade

5．套期保值

二、单项选择题

1. 包销业务中包销商和出口商之间是一种______。

A. 买卖关系 B. 委托代理关系 C. 互购关系 D. 代销关系

2. 包销协议从实质上说应该是一份______。

A. 买卖合同 B. 代理合同 C. 寄售合同 D. 招标合同

3. 代理业务的两个基本当事人之间的关系是______。

A. 买卖关系 B. 委托代理关系 C. 委托寄售关系 D. 代销关系

4. 代理人所获得的收入为______。

A. 工资 B. 奖金 C. 佣金 D. 利润

5. 不享受独家专营权的代理是______。

A. 总代理 B. 独家代理 C. 一般代理

6. 寄售贸易中，寄售人与代销人之间的关系是______。

A. 委托代销 B. 买卖 C. 雇佣

7. 寄售方式中，寄售人要承担的一切风险和费用是在______。

A. 货物出运前 B. 货物出售前

C. 货物到达寄售地点前 D. 货物交付前

8. A 公司在国外物色了 B 公司作为其代售人，并签订了寄售协议。货物在运往寄售地销售的途中，遭遇洪水，使 30%的货物被洪水冲走。因遇洪水道路路基需要维修，货物存仓发生了 6000 美元的仓储费，以上损失的费用是应由______。

A. A 公司承担 B. B 公司承担

C. 由运输公司承担 D. A、B 两公司共同承担

9. 某进出口公司 9 月份在现货市场上出售小麦一批，进货价为每吨 110 美元，12 月份交货。为了避免市场价格下跌的风险，该公司以相同的价格和数量在期货市场购进 12 月份交割的期货合同，这种做法被称为是______。

A. 卖期保值 B. 买期保值 C. 多头 D. 空头

10. 投标人发出的标书应该被视为是一项______。

A. 不可撤销的发盘 B. 可撤销的发盘

C. 可随时修改的发盘 D. 有条件的发盘

11. 补偿贸易采用对开生效信用证支付方式，则______。

A. 我方开远期信用证，外商开即期信用证

B. 我方开即期信用证，外商开远期信用证

C. 我方开远期信用证并注明见到外商开立的即期信用证后才生效

D. 外商开远期信用证并注明见到我方开立的即期信用证后才生效

12. 华兴贸易公司为我某进出口公司在新加坡的服装独家代理。协议规定按成交额由

我方支付 2%的佣金。在协议有效期内，我与新加坡兴隆公司直接成交服装一批。按照国际习惯做法______。

A．我方可以不给华兴公司佣金

B．我应按协议规定付给华兴公司 2%的佣金

C．我方只应给华兴公司 1%的佣金

13．在补偿贸易中，购买技术设备的一方用该技术设备投产后生产出来的产品偿还技术设备的价款或购买技术设备所有贷款本息，这种方式称为______。

A．直接补偿　B．间接补偿　C．综合补偿　D．部分补偿

14．有些国家的政府或海关在处理库存物资或没收货物时往往采用______。

A．增价拍卖　B．减价拍卖　C．密封式递价拍卖　D．一般拍卖

15．来料加工按外商定牌生产，加工方为免除责任______。

A．必须订立工业严产权免责条款

B．不必订立工业产权免责条款

C．只要委托方能证明牌子已在中国注册登记即可

16．对外加工装配业务的承接方，无论是采用来料加工，还是采用来件装配方式，其赚取的是______。

A．商业利润　B．公缴费用　C．佣金　D．手续费

17．拍卖的特点是______。

A．卖主之间的竞争　B．买主和卖主之间的竞争

C．买主之间的竞争　D．拍卖行与拍卖行之间的竞争

18．在寄售协议下，货物的所有权在寄售地出售前属于______。

A．代理人　B．寄售人　C．代销人　D．包销人

19．在独家代理和包销两种贸易方式中______。

A．前者是买卖关系，后者是代理关系　B．前者是代理关系，后者是买卖关系

C．都是代理关系　D．都是买卖关系

20．下列有关独家代理的说法中，______是正确的。

A．委托人在代理区域内，还可指定其他的一般代理人

B．独家代理只能用于商品买卖中，一般代理可用于其他业务

C．委托人要维护代理人的独家专营权，否则要承担赔偿责任

D．委托人直接与代理区域内的客户订立合同时，代理人不能享受佣金

三、多项选择题

1．包销协议一般应包含以下内容______。

A．包销期限　B．佣金　C．专营权　D．包销地区

2．代理协议一般应包含以下内容______。

A．代理权限　　B．专营权　　C．最低代销额　　D．佣金

3．下列对拍卖业务的描述恰当的有______。

A．拍卖是一种公开竞买的现货交易

B．参与拍卖的买主，一般须向拍卖机构缴存一定数额的保证金

C．拍卖有自己独特的法律和规章

D．拍卖是在一定的机构内有组织地进行的

4．下列对招标业务的描述正确的有______。

A．招标业务双方当事人之间为买卖关系

B．招标、投标属于竞卖性质

C．招标业务中一般没有还盘环节

D．在招标过程中，投标人一般处于被动地位

5．以下关于寄售贸易方式的说法中正确的是______。

A．寄售人可根据自己的意愿销售在途货物

B．是典型的凭实物进行买卖的现货交易

C．寄售人和代销人之间是委托代售关系

D．寄售货物在售出之前的一切费用和风险，均由寄售人承担

6．按国际惯例，出现______情况，投标人可拒绝全部投标。

A．投标人未发出标书

B．最低标价大大超过国际市场价格水平

C．所有投标书内容与招标要求不符

D．在国际竞争性招标时投标人人数太少

7．以下关于进料加工的说法中正确的是______。

A．在我国被称为“以进养出”

B．包括进口原材料和出口成品两笔业务

C．目的是为了赚取以外汇表示的附加值

D．原材料的供应者和成品的购买者没有必要联系

8．来料加工与进料加工业务的主要区别在于______。

A．前者是一笔交易，后者是两笔交易

B．前者属于对销贸易，后者属于加工贸易

C．前者获取加工费，后者赚取利润

D．前者的创汇率一般低于后者

9．根据协议，获得某地区商品专营权的是______。

A．寄售商　　B．包销商　　C．独家代理商　　D．拍卖商

10．补偿贸易的方式很多，按照补偿的内容划分，主要有______。

A．以直接产品补偿　　B．以其他产品补偿

C．以劳务补偿　　D．以外汇补偿

四、判断题

1．（　　）在经销方式中，经销商与出口商签定的经销协议，并不具备法律效力，还要进一步签订买卖合同。

2．（　　）包销是指经销商在协议规定的期限和区域内，对指定的商品享有经营权。

3．（　　）在包销方式下，包销商在销售出口商提供的商品时要按照出口商的定价销售。

4．（　　）独家代理可以以自己的名义与第三者签定合同。

5．（　　）对于委托人直接与代理区域内的买主达成的交易，独家代理人无权要求佣金。

6．（　　）寄售是代销人按照出口人提供的样品来推销商品的贸易方式。

7．（　　）代销人与代理人一样，无权以自己的名义与当地购买人签订合同。

8．（　　）寄售方式中的代销人与代理人一样，不承担任何风险和费用，只收取佣金作为报酬。

9．（　　）按国际招标惯例，如招标人在评标过程中，认为所有的投标均不理想，也可宣布招标失败，拒绝全部投标。

10．（　　）加工贸易从实质上看是一种劳务贸易。

11．（　　）拍卖具有竞买的性质，投标具有竞卖的性质。

12．（　　）进料加工起码是二笔交易，而来料加工只能是一笔交易。

13．（　　）买期保值就是指在现货交易中买进一批实物的同时，在交易所卖出一批数量和交货期相同的期货。

14．（　　）拍卖业务中，都是由拍卖人宣布最低起点价，再由竞买人竞相加价，直至无人加价时，拍卖人落槌成交。

15．（　　）在独家代理方式下，只要在指定地区和期限内做成的指定商品的交易，无论是由代理商做成，还是由出口企业自己做成，代理商均有权获得佣金。

16．（　　）来料加工又称以进养出。

17．（　　）拍卖贸易方式属于一种现货买卖，一旦拍卖成交，无论在何种情况下，拍卖人和货主都对商品的品质不承担异议和索赔的责任。

18．（　　）寄售方式中的代销人与代理人一样，不承担任何风险和费用，只收取佣金作为报酬。

19．（　　）投标人递出的投标书为实盘；递标后不得更改。

20．（　　）投标人中标后，而不与招标人签约，则保证金应予退回。

五、技能操作题

1. 美国A公司与中国B公司签订一份独家代理协议，指定B公司为A公司在中国的独家代理。不久，A公司推出指定产品的改进产品，并指定中国C公司作为该改进产品的独家代理。A公司有无这种权利？

2. 我国A公司以寄售方式向中东出口一批积压商品。货到目的地后，虽经代售人努力推销，货物还是无法售出，最后只得再装运回国。试分析A公司有何不当之处？

3. 我　外贸公司从日本进口　艘渔轮，其具体做法为：先出口鱼品积存外汇，达到一定金额后，用以购买渔轮。该公司报请主管部门给予补偿贸易的优惠待遇，遭拒绝。试分析原因。

4. 我国某公司和外商洽谈一笔补偿贸易，外商提出以信贷方式向我提供一套设备，并表示愿意为我代销产品。根据补偿贸易的要求，你认为这些条件我们能接受吗？为什么？

5. 某公司在拍卖行经竞买获得一批精美瓷器，在商品拍卖时，拍卖条件中规定，“买方对货物的过目或不过目，卖方对商品的品质概不负责。”该公司在将这批瓷器通过公司所属商行销售时，发现有部分瓷器出现网纹，严重影响这部分商品的销售。该公司因此向拍卖行提出索赔，但遭到拍卖行的拒绝。问：拍卖行的拒绝是否有道理？为什么？

综合测试一

一、名词解释（下列每道题 3 分，共 15 分）

1．Counter Sample

2．共同海损

3．Offer

4．More or Less Clause

5．Bills of Exchange，Draft

二、单项选择题（下列每道题 1 分，共 15 分）

1．品质机动幅度条款一般适用于某些________________。

A．工业制成品交易　　B．初极产品交易

C．机电产品交易　　D．仪表产品交易

2．对于大批交量的散装货，因较难掌握商品的数量，通常在合同中规定____________________。

A．品质公差条款　　B．溢短装条款

C．立即装运条款　　D．不可抗力条款

3．根据《2000 通则》，规定货物的风险自装运港货物越过船舷时从卖方转移给买方的贸易术语是________________。

A．FOB 纽约　　B．FOB Vessel 天津

C．FCA 纽约　　D．FAS 天津

4．出口商办理装运后，凭以向船公司换取正式提单的凭证是___________。

A．装货单　　B．大副收据　　C．商检证书　　D．保险单

5．当贸易术语采用 CIF 时，海运提单对运费的表示应为______________。

A．Freight Prepaid　　B．Freight Collect

C．Freight Prepayable　　D．Freight Unpaid

6．我国海运货物保险条款中基本险的责任起讫采用______________条款。

A．OCP　　B．仓至仓　　C．港至港　　D．门到门

7．下列我出口公司的出口单价表达正确的是_______________。

A．每箱 100 美元 FOB 上海　　B．每吨 100 英镑 CIF 天津

C．每箱 50 法郎 FOB 中国　　D．每箱 50 美元 FOB 伦敦

8．承兑是______________对远期汇票表示承担到期付款责任的行为。

A．出口人　　B．收款人　　C．付款人　　D．议付银行

9．合同中规定采用 D/P 30 天，如果托收日为 8 月 1 日，寄单邮程为 7 天，则此业务的提示日、承兑日、付款日分别为_____。

A．8 月 8 日/8 月 8 日/9 月 7 日　　B．8 月 1 日/9 月 6 日/8 月 1 日

C．9 月 6 日/8 月 1 日/8 月 1 日　　D．8 月 1 日/9 月 6 日/9 月 6 日

10．信用证是进口商根据买卖合同规定的业务向银行申请开立的，信用证的第一付款人是____________。

A．进口商　　B．议付行

C．视信用证的具体规定而定　　D．开证银行

11．按照国际惯例，索赔都有一定期限，超过期限的索赔为______________。

A．无效　　B．有效

C．双方协商后确定　　D．由理赔双方决定

12．交易磋商的两个基本环节是____________。

A．询盘、接受　　B．发盘、签合同　　C．接受、签合同　　D．发盘、接受

13．卖方审证后有不能接受之处应向_______________提出修改。

A．开证行　　B．开证申请人　　C．通知行　　D．付款行

14．出口企业在收到信用证后，应对照合同和________________对信用证内容进行审核。

A．《联合国国际货物销售合同公约》　　B．《跟单信用证统一惯例》

C．《2000 通则》　　D．我国的《合同法》

15．在国际贸易中，对当事人的行为无强制性约束的规范________________。

A．国内法　　B．国际法　　C．国际贸易惯例　　D．国际条约

三、多项选择题（下列每道题 2 分，共 10 分，多选或少选均不得分）

1．按照《2000 通则》的解释，FOB、CFR 与 CIF 的共同之处表现在________。

A．均适合水上运输方式　　B．风险转移均为装运港船舷

C．买卖双方责任划分基本相同　　D．交货地点均为装运港

2．按提单对货物表面状况有不良批注，可分为_____________。

A．清洁提单　　B．不清洁提单　　C．记名提单　　D．不记名提单

3．共同海损分摊时，涉及的受益方包括______________。

A．货方　　B．船方　　C．运费方　　D．救助方

4．信用证支付方式具有以下特点____________。

A．开证行在进口商不履行付款义务时向受益人付款。

B．银行信用

C．开证行只受信用证的约束，而与贸易合同完全无关

D．一种纯单据的业务

E．银行保证向进口方提供合格的货物

5．“你 10 日电我方接受，但支付条件由 D/P 改为 L/C 即期”该电文是_____。

A．有效接受　　B．还盘

C．对原发盘的拒绝　　D．实质性变更发盘条件

四、判断题（下列每道题 1 分，共 20 分）

1．（　　）采用凭样品成交时，为了争取国外客户，应选择质量最好的样品给对方，以达成交易。

2．（　　）某外商来电要我方提供大豆，按含油量 18%，含水分 14%，不完全粒 7%，杂质 1%的规格订立合同。对此，在一般情况下，我方可以接受。

3．（　　）国际贸易买卖合同的有关规定必须与有关国贸易惯例的规定相符，否则仲裁机构或法院有权根据有关惯例的规定解释合同条款。

4．（　　）根据贸易术语的作用，我们称 FOB 为离岸价，CIF 为到岸价。

5．（　　）海运提单要求空白抬头和空白背书，是指不填写收货人和不要背书。

6．（　　）出口玻璃器皿，因运输途中易出现破碎，故应在投保一切险的基础上加保破碎险。

7．（　　）佣金是买方给卖方的价格减让。

8．（　　）托收是通过银行进行的，所以托收是银行信用。

9．（　　）出口方在采用托收时，一般应选用 CIF 与 CIP 贸易术语。

10．（　　）按照国际惯例，凡信用证中没有注明可否转让字样的，即可视为可转让信用证。

11．（　　）买卖双方为了解决争议而提起仲裁，必须要向仲裁机构提交仲裁协议，否则仲裁机构不给予受理。

12．（　　）一项发盘表明是不可撤销的发盘，　则意味着发盘人无权撤回该发盘。

13．（　　）报关是指出口货物装船后向海关申报出口放行的手续。

14．（　　）如果信用证修改通知中将装运期和提单的内容进行了修改 ，那么出口方可以接受装运期部分的修改，而拒绝接受提单内容的修改。

15．（　　）清洁提单是指不载有任何批注的提单。

16．（　　）买方对货物的检验权是强制性的，是接受货物的前提条件。

17．（　　）在进出口业务中，进口人收货后，发现货物与合同不符合，在任何时候都可向供货方索赔。

18．（　　）仲裁裁决是终局的，若败诉方不执行，仲裁法庭可强制执行。

19．（　　）ICC（A）类似于我国的平安险。

20．（　　）议付是指由议付行对汇票和/或单据付出对价，只审单据而不支付对价，不能构成议付。

五、技能操作题（下列每道题 5 分，共 30 分）

1. 某口岸出口公司按 CIF London 向英商出售一批核桃仁，由于该商品季节性较强，双方在合同中规定：买方须于 9 月底前将信用证开到，卖方保证运货船只不得迟于 12 月 2 日驶抵目的港。如货轮迟于 12 月 2 日抵达目的港，买方有权取消合同。如货款已收，卖方须将货款退还买方。问这一合同的性质是否属于 CIF 合同？如果不是，请说明理由。

2. 我向国外出口纯毛纺织品数批，买方收货后未提出任何异议。但数月后买方寄来服装一批，声称是用我方面料制作，服装有严重的色差，难以销售，要求赔偿。问：我方应如何处理？

3. 我出口风扇1000台，国外来证规定不许分批装运。装船时发现有40包装破裂，风罩变形或开关脱落。为保证质量，发货认为：《UCP600》有规定，即使不许分批装运，数量上可以有10%的溢短装。于是，少装40台。但却遭到议付行的拒付。问：议付行的拒付是否有理，为什么？

4. 山东某公司向国外出口一批花生仁，国外客户开来不可撤销信用证，证中的装运条款规定："Shipment from Chinese port to Singapore in May，Partial shipment prohibited"。我公司因货源不足，先于5月15日在青岛港将200公吨花生仁装"东风"轮，取得一套提单；后又在烟台联系到一批货源，在我公司承担相关费用的前提下，该轮船又驶往烟台港装了300公吨花生仁于同一轮船，5月20日取得有关提单。然后在信用证有效期内将两套单据交银行议付，银行以分批装运，单证不符为由拒付货款。问银行的拒付是否合理？为什么？

5. 某外贸公司按CIF术语出口一批货物，装运前已向保险公司按发票总值110%投保平安险，6月初货物装妥顺利开航。载货船舶于6月13日在海上遇到暴风雨，致使一部分货物受到水渍，损失价值2100美元。数日后，该轮又突然触礁，致使该批货物又遭到部分损失，价值为8000美元。问：保险公司对该批货物的损失是否赔偿？为什么？

6. 我公司向国外某客商询盘出售某商品，不久我公司收到外商发盘，有效期至8月20日，我方于8月22日用电传表示接受，对方一直没有音讯。因该商品市场行情发生变化，市价上涨，9 月 24 日对方突然来电要求我方必须在 9 月 26 日将货物发出，否则我方将承担违约责任。问：我方是否应该发货？为什么？

六、单证缮制题（下列单据每空 1 分，共 10 分）

根据下列资料填制汇票一份。

ISSUING BANK：DEUTSCHE BANK（ASIA）HONGKONG

ADVICING BANK：BANK OF CHINA，GUANGDONG BRANCH

L/C NO. AND DATE：756/05/1495988，NOV. 20, 2004

AMOUNT：USD19745.00

APPLICANT：MELCHERS（H.K）LTD.，
RM.1210, SHUNTAK CENTER, 200 CONNAUGHT ROAD, CENTRAL, HONGKONG

BENEFICIARY：CHINA NATIONAL ARTS AND CRAFTS IMP. & EXP. CORP.
GUANGDONG （HOLDINGS）BRANCH.

WE OPEN IRREVOCABLE DOCUMENTS CREDIT AVAILABLE BY NEGOTIATION AGAINST PRESENTATION OF THE DOCUMENTS DETAILED HEREIN AND OF BENEFICIARY'S DRAFTS IN DUPLICATE AT SIGHT DRAWN ON OUR BANK.

INVOICE NO.：ITBE001121

DATE OF NEGOTIATION：DEC. 20, 2004

BILL OF EXCHANGE

No.：（1）__________

For：（2）__________　　　　（3）__________
（amount in figure）　　　　（place and date of issue）

At（4）__________sight of this Second of Exchange（First of the same and date unpaid）pay to the order of （5）__________the sum of（6）__________
（amount in words）

Drawn under（7）__________

L/C NO.（8）__________dated（8）__________

To：　　　　For and on behalf of
（9）　　　　（10）

综合测试二

一、名词解释（下列每道题 3 分，共 15 分）

1．押汇

2．备用信用证

3．不可抗力

4．班轮运输

5．逾期接受

二、单项选择题（下列每道题 1 分，共 15 分）

1．对一些质量不稳定的初级产品，在规定品质条款时，其灵活制定品质指标常用______。

A．品质机动幅度　　B．品质公差
C．交货品质与样品大体相等　　D．规定一个约量

2．下列贸易术语中，全部在出口国交货的是______。

A．FCA. FAS. DEQ　　B．EXW. FOB. CIF
C．CFR. CPT. DDU　　D．DAF. DES. CIP

3．下列不属于装运期的规定方法的是______。

A．明确规定具体装运期限　　B．规定在收到信用证后若干天装运
C．笼统规定近期装运　　D．规定在交货期若干天前装运

4．在定程租船方式下，对装卸费的收取办法中 FO 的含义是______。

A．船方不负担装卸费
B．船方负担装卸费
C．船方只负担装货费，而不负担卸货费
D．船方只负担卸货费，而不负担装货费

5．某公司出口某商品大约 1000 公吨，根据《UCP600》的规定，该公司发货时，如果支取金额不会超过信用证总金额，最多可以装运______。

A．1000 公吨　　B．1050 公吨　　C．1100 公吨　　D．1115 公吨

6．某项发盘于某月 12 日以电报形式送达受盘人。但在此之前的 11 日，发盘人以传真告知受盘人发盘无效，此行为属于______。

A．发盘的撤回　　B．发盘的修改　　C．发盘的撤销　　D．一新发盘

7．加注“须以发盘人的最后确认为准”的建议是______。

A．发盘　　B．递盘
C．要约　　D．邀请对方发盘

8．某外商欲购我“乘风”牌电扇，但要求改用“幸福”商标，并不得注明产地和厂商名称。外商这一要求属于下列包装的是______。

A．无牌中性包装　　B．定牌中性包装　　C．运输包装　　D．销售包装

9．《1941 年美国对外贸易定义修订本》对 FOB vessel 的解释风险的划分是在______。

A．装运港越过船舷　　B．目的港越过船舷
C．装运港船上　　D．装运港船边

10．出口羊毛计算重量的方法通常是按______。

A．毛重　　B．净重　　C．公量　　D．法定重量

11．若汇票受款人一栏内写明“Pay to the order of……”则该汇票是______。

A．不可流通转让　　B．可以经背书转让

C．无须背书，即可流通转让　　D．由出票人决定是否可以转让

12．以下我出口商品的单价，表达正确的是______。

A．250 美元/桶　　B．250 美元/桶 CIF 伦敦

C．250 美元/桶 CIF 广州　　D．250 美元

13．下列情况属于推定全损的是_______。

A．船舱进水，食盐被海水全部溶解

B．战时货物被敌对国捕获并作为战利品分发殆尽

C．船舶在航行途中意外搁浅，船壳严重损坏，船上所载水果部分腐烂，由于当时气候条件恶劣，无法对船舶进行救助

D．水泥被海水浸湿结成硬块

14．本票与汇票的主要区别是______。

A．出票人不同

B．受款人不同

C．本票只有 2 个主要当事人，而汇票则有 3 个

D．期限不同

15．在一般商品买卖合同中多数订立的索赔条款是______。

A．商检条款　　B．异议与索赔条款　　C．罚金条款　　D．以上都不是

三、多选题（下列每道题 2 分，共 10 分，多选或少选均不得分）

1．FOB 与 FCA 相比较，其主要区别有______。

A．适用的运输方式不同

B．风险划分界限不同

C．交货地点不同

D．出口清关手续及其费用的承担方不同

E．进口清关手续及其费用的承担者不同

2．由上海运往底特律、芝加哥的一批货物，若采用 OCP 条款，应满足下列条件______。

A．必须在美国西海岸港口转船

B．必须在提单上注明“OCP”字样

C．必须在提单的目的港一栏填写西海岸港口名，以及最终目的地名称

D．必须是美国急需的货物

E．必须在美国东海岸港口转船

3．根据《联合国国际货物销售合同公约》的规定，要约不得撤销的情形有____。

A．要约中明确规定了货物的价格

B．要约中规定了承诺的期限

C．受要约人有理由信赖该要约是不可撤销的，并且已本着对该要约的信赖行事

D．要约中规定了货物的名称

E．受要约人已经发出了接受通知

4．过期提单（Stale B/L）是指______。

A．货物实际装船时间晚于提单签发时间的提单

B．晚于提单上所载明货物到达目的港的提单

C．晚于货物实际装运日期 21 天签发的提单

D．交单时间超过提单签发日期 21 天的提单

E．提单记载内容错误，不再具有效力的提单

5．构成一项发盘，必须具备的条件有______。

A．向一个或一个以上特定的人提出

B．内容十分确定

C．注明不可撤销

D．注明有效期

E．表明发盘人对其发盘一旦被受盘人接受即受约束的意思

四、判断题（下列每道题 1 分，共 20 分）

1．(　　) 出口的茶叶在装运途中最大的问题是怕串味。因此，投保货运险时，除投保一切险之外还应加保串味险。

2．(　　) 国外开来信用证规定最迟装运期为 1998 年 7 月 31 日，议付有效期为 1998 年 8 月 15 日。我提供的提单签发日期为 1998 年 7 月 20 日。我公司于 8 月 14 日向议付行交单，按惯例，银行应予议付。

3．(　　) 通过班轮运输货物，由承运人负责装卸，承运人和托运人双方不计装卸时间及滞期费和速遣费。

4．(　　) 出口货物检验后应在有效期内出运，如果超出期限，应重新报验。

5．(　　) 买方采用 FOB 条件进口散装小麦，货物用程租船运输，买方如不愿承担装船费用，可用 FOB Trimmed。

6．(　　)《公约》规定如发盘中规定了有效期，则在发盘生效后，发盘人仍可以撤销发盘。

7．(　　) 空白抬头、空白背书的提单是既不填写收货人，又不要背书的提单。

8．(　　) 在合同同时规定了违约金与定金的情况下，如果一方发生了违约行为，对

方只能从二者中选择一种适用。

9.（ ）买方来电表示接受发盘，但要求将 D/P 即期、D/P 远期，卖方缄默，此时合同成立。

10.（ ）背对背信用证开立后，原证即失去效用。

11.（ ）运输包装上的标志就是运输标志，也即通常所说的唛头。

12.（ ）如果合同中未明规定按毛重还是按净重计价，根据惯例应按净重计价。

13.（ ）买卖双方为解决争议而提请仲裁时，必须向仲裁机构递交仲裁协议，否则，仲裁机构不予受理。

14.（ ）在投保一切险后，如货物在海运途中由于任何外来原因造成的货损货差，保险公司均应负责赔偿。

15.（ ）某公司出口电扇 1000 台，纸箱装，合同和信用证上都规定不允许分批装运，装船时有 40 台包装破裂，风罩变形，不能出口。发货人认为，根据《UCP600》中有关规定，即使不准分批装运，只要货款不超过信用证的总额，货物的数量亦允许有 5%的增减，据此装运 960 台也可照常办理议付。

16.（ ）只要发生不可抗力事件，遭受事件的一方就可以解除合同。

17.（ ）按照《联合国国际货物销售合同公约》的规定，在国际贸易中，订立合同只能以书面形式表示，否则无效。

18.（ ）可转让信用证只能转让一次，也就是说，只能转让给一个人。

19.（ ）《UCP600》规定，信用证修改通知书有多项内容时，受益人只能全部接受或全部拒绝，不能接受其中有利的部分，而拒绝其余不利的部分。

20.（ ）ICC（C）对自然灾害造成的损失不负责。

五、技能操作题（下列每道题 5 分，共 30 分）

1．某公司订购钢板 400M/T，计 6 英尺、8 英尺、10 英尺、12 英尺四种规格各 100M/T，并附每种数量可增减 5%的溢短装条款，由卖方决定。今卖方交货为：6 英尺，70M/T；8 英尺，80M/T；10 英尺，60M/T；12 英尺，210M/T，总量未超过 420M/T 的溢短装上限的规定。对于出口商按实际装运数量出具的跟单汇票，进口商是否有权拒收拒付？

2．某出口公司按 CIF 伦敦向英商出售一批核桃仁，由于该商品季节性较强，双方在合同中规定；买方须于 9 月底前将信用证开到，卖方保证运货船只不迟于 12 月 2 日驶抵目的港。如货轮迟于 12 月 2 日抵达目的港．买方有权取消合同，如货款已收，卖方必须将货款退还买方。问这一份合同的性质是否属于 CIF 合同?

3．我某公司按每公吨 242 美元 FOB Vessel New York 进口 200 公吨钢材，我方如期开出 48400 美元的信用证，但美商来电要求增加信用证金额至 50000 美元，不然，有关出口捐税及签证费用应由我另行电汇，试分析美方此举是否合理？

4．某货物从天津新港驶往新加坡，在航行途中船舶货舱起火，大火蔓延到机舱，船长为了船货的共同安全，决定采取紧急措施，往舱中灌水灭火。大火虽被扑灭但由于主机受损，无法继续航行，于是船长决定雇用拖轮将船拖回新港修理。检修后重新驶往新加坡，事后调查，这次事件造成的损失有：（1）1000 箱货被火烧毁；（2）600 箱货由于灌水灭火受到损失；（3）主机和部分甲板被烧毁；（4）拖船费用；（5）额外增加的燃料和船长、船员工资。从上述各项损失性质来看，各属于什么海损？

5．我国某公司与美国签订了一份货物出口合同，数量 10000 公吨，双方约定信用证方式付款。开证行按时开来信用证，信用证规定 6 至 10 月份 5 个月分批等量装运。我方公司于 6、7 月份每月运出 2000 公吨，并分别向银行交单议付，取得货款。8 月份因货物未备妥故延至 9 月份共装运 4000 公吨运出，我方凭 9 月份签发的单据到银行议付，此 4000 公吨货款全部遭到银行拒付。根据《UCP600》的规定，请问银行拒付是否合理，为什么？

6．甲公司于 5 月 7 日上午用航空信向乙公司寄出一项发盘，发盘通知中注有“不可撤销”字样，规定在 5 月 17 日前答复有效. 但甲公司又于 5 月 10 日下午用电报发出撤回发盘通知，该通知与发盘于 5 月 11 日上午同时送达乙公司。乙接到实盘和撤回通知后，立即用电报发出接受通知。事后双方就合同是否成立问题发生争议。试问甲公司与乙公司之间合同是否成立?为什么?

六、单证缮制题（下列单据每空 1 分，共 10 分）

根据下列资料填制一份保险单据。

1．信用证资料

L/C NO: A66789

APPLICANT: XYZ COMPANY, NEW YORK

BENEFICIARY: ABC COMPANY, NANJING

SHIPMENT FROM NANJING TO NEW YORK

MERCHANDISE: GIRL'S SKIRTS, CIF NEW YORK

TOTAL AMOUNT: USD50,000

DOCUMENTS REQUIRED: FULL SET OF INSURANCE POLICY IN DUPLICATE IN NEGOTIABLE FORM BLANK ENDORSED FOR 110 PERCENT OF INVOICE VALUE COVERING OCEAN TRANSPORTATION CLAUSES ALL RISKS, STRIKES, RIOTS AND CIVIL COMMOTIONS CLAUSES OF PICC. WAREHOUSE TO WAREHOUSE, I. O. P. CLAIMS PAYABLE AT NEW YORK IN THE CURRENCY OF L/C.

信用证未对保险单据作任何其他规定。

2．附加信息

发票号码：JS66/2005

发票显示：

DESCRIPTION: GIRL'S SKIRTS, 100 CARTONS, CIF NEW YORK, TOTAL AMOUNT: USD50,000

提单显示：

PORT OF LOADING: NANJING　　VESSEL: FREEDOM V.123

PORT OF DISCHANGE: NEW YORK　　ON BOARD DATE: JAN. 3. 2005

SHIPPING MARKS: SKIRTS —NEW YORK

保险单据的投保日期与提单的装船日期相同。

中　国　人　民　保　险　公　司

THE PEOPLE'S INSURANCE COMPANY OF CHINA

总公司设于北京　　一九四九年创立

Head office: BEIJING　　Established 1949

保　险　单　　保险单号次

INSURANCE POLICY　　**POLICY NO. PICCSH 988784**

中 国 人 民 保 险 公 司（以 下 简 称 本 公 司）

THIS POLICY OF INSURANCE WITNESSES THAT THE PEOPLE'S INSURANCE COMPANY OF CHINA （HEREINAFTER CALLED "THE COMPANY" ）

根 据

AT THE REQUEST OF ＿＿**（1）**＿＿＿＿＿＿＿＿

（以 下 简 称 被 保 险 人） 的 要 求，由 被 保 险 人 向 本 公 司 缴 付 约

（HEREINAFTER CALLED " THE INSURED "）AND IN CONSIDERATION OF THE AGREED PREMIUM PAID TO THE COMPANY BY THE

定 的 保 险，按 照 本 保 险 单 承 保 险 别 和 背 面 所 载 条 款 下 列

INSURED UNDERTAKES TO INSURE THE UNDERMENTIONED GOODS IN TRANSPORTATION SUBJECT TO THE CONDITIONS OF THIS POLICY

特 款 承 保 下 述 货 物 运 输 保 险，特 立 本 保 险 单

AS PER THE CLAUSES PRINTED OVERLEAF AND OTHER SPECIAL CLAUSES ATTACHED HEREON

标记 MARKS & NOS	包装及数量 QUANTITY	保险货物项目 DESCRIPTION OF GOODS	保险金额 AMOUNT INSURED
SKIRTS — NEW YORK	**（2）**	**（3）**	**（4）**

总 保 险 金 额:

TOTAL AMOUNT INSURED: ＿＿**（5）**＿＿＿＿＿＿

保 费　　费 率　　装载运输工具

PREMIUM AS ARRANGED　　RATE AS ARRANGED　　PER CONVEYANCE S.S. FREEDOM V.123

开 航 日 期　　自　　至

SLG. ON OR ABT. JAN. 3. 2005　FROM ＿**（6）**＿＿＿TO ＿**（7）**＿

承 保 险 别:

（续表）

CONDITIONS （8）

所保货物,如遇出险,本公司凭本保险单及其他有关证件给付赔款。

CLAIMS, IF ANY, PAYABLE ON SURRENDER OF THIS POLICY TOGETHER WITH OTHER RELEVANT DOCUMENTS

所保货物,如发生本保险单项下负责赔偿的损失或事故，

IN THE EVENT OF ACCIDENT WHEREBY LOSS OR DAMAGE MAY RESULT IN A CLAIM UNDER THIS POLICY IMMEDIATE NOTICE

应立即通知本公司下述代理人查勘。

APPLYING FOR SURVEY MUST BE GIVEN TO THE COMPANY'S AGENT AS MENTIONED HEREUNDER:

LIBERTY MUTUAL INSURANCE COMPANY

NEW YORK

TEL: 212-333-6666

赔款偿付地点

CLAIM PAYABLE AT/IN （9）______

日期:

DATE: JAN. 3. 2005

地址:中国南京石鼓路 25 号

Address: 25 Shi Gu Road, Nanjing, China.

Post Code: 210029 ______

Endorsed: （10）______

中国人民保险公司南京分公司

THE PEOPLE'S INSURANCE COMPANY OF CHINA

NANJING BRANCH

林 达 芝

General Manager

综合测试三

一、名词解释（下列每道题 3 分，共 15 分）

1．国际贸易惯例

2．倒签提单

3．共同海损

4．汇票

5．发盘

二、单项选择题（下列每道题 1 分，共 10 分）

1．Grey Duck Feather Soft Nap 18% allowing 1% more or less 此段文字表明了品质指标的______。

A．差异的范围　B．变动的上下限　C．上下变动幅度　D．误差

2．中国粮油食品进出口总公司北京分公司向欧洲某客户出口一批食品，该公司于 16 日发盘，注明 5—6 月装船，19 日复到有效。18 日接对方来电称："16 日电接受，希望尽量在 5 月装船。"我方未提出异议。于是______。

A．这笔交易达成　B．须经中方公司确认后才能达成

C．属于还盘，交易未达成　D．属于有条件的接受，交易未达成

3．按照国际贸易惯例，如果合同中没有相关规定，则运输标志的提供方一般是______。

A．开证行　B．卖方　C．买方　D．船方

4．以下表述正确的是______。

A．一笔出口交易，如果换汇成本高于银行外汇买入价，表明盈利

B．一笔出口交易，如果换汇成本低于银行外汇买入价，表明盈利

C．一笔出口交易，如果换汇成本高于银行外汇卖出价，表明盈利

D．一笔出口交易，如果换汇成本低于银行外汇卖出价，表明盈利

5．可以通过背书转让的提单是______。

A．记名提单　B．不记名提单　C．指示提单　D．海运提单

6．下列事故不被列入不可抗力事故范围的是______。

A．自然灾害　B．汇率变动

C．暴动、战乱　D．调整政策制度

7．象征性交货意指卖方的交货义务是______。

A．不交货　B．既交单又实际性交货

C．凭单交货　D．实际性交货

8．某外贸公司出口茶叶 5 公吨，在海运途中遭受暴风雨，海水涌入仓内，致使一部分茶叶发霉变质，这种损失属于______。

A．实际全损　B．推定全损　C．共同海损　D．单独海损

9．在集装箱运输中，能够实现"门到门"运输的集装箱货物交接方式是______。

A．LCL/LCL　B．FCL/FCL　C．LCL/FCL　D．FCL/LCL

10．出口业务中，国外客户往往要出口方提供"GSP"产地证。在我国这种证书的签发机构是______。

A．商会　B．行业公会

C．贸促会　D．出入境检验检疫局

三、多项选择题（下列每道题 2 分，共 10 分，多选或少选均不得分）

1．买方采用 FOB 条件进口散装小麦，货物用承租船运输，当买方不愿承担装货费用时，可选用的价格变形是______。

A．FOB Liner Terms　　B．FOB Under Tackle　　C．FOB Trimmed

D．FOB Stowed　　E．FOB Stowed and Trimmed

2．按 CIC 海运货物保险条款，自然灾害造成的部分损失在下列属于赔偿责任范围的险别是______。

A．平安险　　B．水渍险　　C．一切险

D．罢工险　　E．短量险

3．下列属于信用证涉及的当事人有______。

A．开证申请人　　B．通知行　　C．议付行

D．保兑行　　E．偿付行

4．有关发盘撤回与撤销叙述正确的有______。

A．发盘撤回是指发盘生效后将其取消，使其失去效力

B．《联合国国际货物销售合同公约》规定不可撤销发盘是不能撤回的

C．英美法和大陆法对发盘撤回问题的认识基本一致

D．德国法律规定发盘在有效期内不得随意撤销

E．《联合国国际货物销售合同公约》规定部分发盘是不可撤销的

5．班轮运费的计算标准可采用______。

A．按重量　　B．按件数　　C．按体积

D．按净重　　E．按价格

四、判断题（下列每道题 1 分，共 10 分）

1．（　　）在 CFR 条件下，卖方在货物装船后必须发出装船通知，以便买方办投保手续。否则卖方不能以风险在船舷已转移为由免除责任。

2．（　　）信用证关于货物的描述为“blue cotton wears”，发票显示为“colored, cotton wears”是可以的。

3．（　　）按我国习惯做法，如以 CFR 和 FOB 贸易术语成交，进口商在接到国外出口商发来的装船通知后，即应填制投保单或预约保险起运通知书向保险公司投保。

4．（　　）根据（INCOTERMS2000），在 FAS 贸易术语下，如买方所派的船不能靠岸，则卖方只要将货物装上驳船即可。

5．（　　）不清洁提单是指承运人在签发提单时，对货物的包装等状况加注不良批注的提单。

6.（ ）托收通常称为银行托收，因而它属于银行信用。

7.（ ）按国际保险市场惯例，保险单与保险凭证具有同等法律效力。

8.（ ）《ISO9000》系列标准是我国标准化协会制定的商品生产企业的质量体系认证标准。它不仅有利于提高出口商品的质量，也有利于出口商品生产企业提高管理水平和技术水平。

9.（ ）FAQ 是对林副产品出口所制定的一个一般良好品质标准。

10.（ ）出口公司在收到对方开出的信用证后，应严格按照信用证的有关条款进行发货、装运、制单结汇。不管发生什么情况，都无权要求开证行修改信用证。

五、技能操作题（第 1 题 6 分，第 2、3 题每题 7 分，共 20 分）

1．我某进出口公司对外报价为每公吨 2000 美元 CFR 纽约，而外商来电要求改报为 CIF 纽约含 4%佣金价，保险费率合计为 1%，则我方应报价为多少？

2．2006 年 10 月，法国某公司（卖方）与中国某公司（买方）在上海订立了买卖 2000 台缝纫机的合同，每台 CIF SHANGHAI 100 美元，以不可撤销的信用证支付，2006 年 12 月马赛港交货。2006 年 11 月 15 日，中国银行上海分行（开证行）根据买方指示向卖方开出了金额为 20 万美元的不可撤销的信用证，委托马赛的一家法国银行通知并议付此信用证。2006 年 12 月 20 日，卖方将 2000 台缝纫机装船并获得信用证要求的提单、保险单、发票等单证后，即到该法国议付行议付。经审查，单证相符，银行即将 20 万美元支付给卖方。与此同时，载货船离开马赛港 10 天后，由于在航行途中遇上特大暴雨和暗礁，货物与货船全部沉入大海。此时开证行已收到了议付行寄来的全套单据，买方也已知所购货物全部损失的消息。中国银行上海分行拒绝偿付议付行支付的 20 万美元的货款，理由是其客户不能得到所期待的货物。根据国际贸易惯例，请回答下列问题：

（1）这批货物的风险自何时起由卖方转移给买方?

（2）开证行能否由于这批货物全部灭失而免除其所承担的付款义务?依据是什么?

（3）买方的损失如何得到补偿?

3．某年某月中国某地粮油进出口公司 A 与欧洲某国一商业机构 B 签订出口大米若干吨的合同。该合同规定：规格为水分最高 20%，杂质最高为 1%，以中国商品检验局的检验证明为最后依据：单价为每公吨××美元，FOB 中国某港口，麻袋装，每袋净重××公斤，买方须于×年×月派船只接运货物。

B 并没有按期派船前来接运，其一直延误了数月才派船来华接货，当大米运到目的地后，买方 B 发现大米生虫。于是委托当地检验机构进行了检验，并签发了虫害证明，买方 B 据此向卖方 A 提出索赔 20%货款的损失赔偿。当 A 接到对方的索赔后，不仅拒赔，而且要求对方 B 支付延误时期 A 方支付的大米仓储保管费及其它费用。

另外，保存在中国商品检验局的检验货样至争议发生后仍然完好，未生虫害。

请简要回答下列问题：

（1）A 要求 B 支付延误时期的大米仓储保管费及其他费用能否成立，为什么?

（2）B 的索赔要求能否成立，为什么?

六、单证缮制题（本大题共 2 小题，第 1 小题 5 分，第 2 小题 30 分，共 35 分）

请根据下列资料完成相应出口操作业务：

（1）卖方：天津商实进出口公司

TIANJIN SHANGSHI IMPORT& EXPORT CORP.
10 GEXIN ROAD， HEBEI DISTRICT，TIANJIN，CHINA
TEL NO. （86）22-21631106
FAX NO. （86）22-21631108

（2）买方：加拿大 JAMES & SONS CO.

JAMES & SONS CO.
#304-7 JALAN STREET， TORONTO， CANADA
TEL NO. （+01）7775
FAX NO. （+01）7746
E-MAIL：MXIONG @ JBS. COM. CND

1. 经过交易磋商，双方于 2006 年 4 月 15 日签订合同。客户于 2006 年 5 月 25 日通过银行开来信用证，请根据销售合同审核信用证。（合同信用证附后）。

SALES CONTRACT

S/C NO. GD25013
DATE: APR.15, 2006

Buyer: JAMES & SONS CO.

Address: #304-7 JALAN STREET，TORONTO，CANADA

Tel: （+01）7775 FAX NO. （+01）7746

Seller: TIANJIN SHANGSHI IMPORT& EXPORT CORP.

Address: 10 GEXIN ROAD， HEBEI DISTRICT，TIANJIN，CHINA

TEL NO. （86）22-21631106 FAX NO. （86）22-21631108

The undersigned Sellers and Buyers have agreed to close the following transaction according to the terms and conditions stipulated below:

NAME OF COMMODITY AND SPECIFICATION	QUANTITY	UNIT PRICE	AMOUNT
25' GREAT WALL BRAND COLOUR TELEVISION SETS MODEL TJ9818	720 SETS	US $ 315.00/SET CIF TORONTO	US $ 226800.00

TOTAL VALUE US DOLLARS TWO HUNDRED AND TWENTY-SIX THOUSAND EIGHT HUNDRED ONLY

SHIPMENT: TO BE EFFECTED IN JUNE/JULY, 2006, FROM TIANJIN, CHINA TO TORONTO, CANADA

PAYMENT: BY CONFIRMED IRREVOCABLE L/C FOR FULL INVOICE VALUE, AVAILABLE BY DRAFT AT SIGHT, NEGOTIABLE IN TIANJIN VALID IN CHINA UNTILL THE 15 DAYS AFTER DATE OF SHIPMENT, THE L/C TO REACH THE SELLERS ONE MONTH BEFORE THE PRESCRIBED TIME OF SHIPMENT

PACKING: ONE SET TO A CARTON, EACH 180 CARTONS TO A 40' CONTAINER

MARKS & NOS. AT SELLER'S OPTION

INSURANCE: TO BE COVERED BY THE SELLER FOR 110 PERCENT OF INVOICE VALUE COVERING ALL RISKS AND WAR RISKS AS PER AND SUBJECTED TO OCEAN MARING CARGO CLAUSES OF THE PEOPLE'S INSURANCE COMPANY OF CHINA DATED 1/1/1981

Buyer: Seller:

JAMES & SONS CO. TIANJIN SHANGSHI IMPORT& EXPORT CORP.

(SIGNATURE) (SIGNATURE)

国外来证：

FROM: THE ROYAL BANK OF CANADA

1052 WEST GEORGIA STREET, VANCOUVER, B. C. V6E 383

TELEX NO.: 4702581

TO: BANK OF CHINA TIANJIN BRANCH

123 JIEFANG BEILU, TIANJIN, CHINA

REVOCABLE DOCUMENTARY CREDIT NO. 06/0510-FC

DATE OF ISSUE: 25-5-2006

EXPIRY DATE AND PLACE: JUNE 30, 2006 IN CANADA

APPLICANT: JAMES & SONS CO.

#304-7 JALAN STREET，TORONTO，CANADA

BENEFICIARY: TIANJIN SHANGSHI IMPORT& EXPORT CORP.

10 GEXIN ROAD，HEBEI DISTRICT，TIANJIN，CHINA

AMOUNT: USD226800.00 (US DOLLARS TWO HUNDRED AND TWENTY-SIX THOUSAND EIGHT HUNDRED ONLY.)

AVAILABLE WITH: ANY BANK

BY: NEGOTIATION OF BENEFICIARY'S DRAFT(S) AT 30 DAYS' SIGHT DRAWN ON US ACCOMPANIED BY THE FOLLOWING DOCUMENTS:

+ SIGNED COMMERCIAL INVOICE IN 3 COPIES.

+ PACKING LIST IN 3 COPIES SHOWING THE INDIVIDUAL WEIGHT AND MEASUREMENT OF EACH PACKAGE.

+ ORIGINAL CERTIFICATE OF ORIGIN IN 3 COPIES ISSUED BY THE CHAMBER OF COMMERCE.

+ FULL SET CLEAN ON BOARD OCEAN BILL OF LADING SHOWING FREIGHT PREPAID CONSIGNED TO ORDER OF THE ROYAL BANK OF CANANDA NOTIFY APPLICANT.

+ INSURANCE POLICY OR CERTIFICATE FOR 110 PERCENT OF INVOICE VALUE COVERING ALL RISKS AND WAR RISK AS PER AND SUBJECTED TO OCEAN MARING CARGO CLAUSES OF THE PEOPLE'S INSURANCE COMPANY OF CHINA DATED 1/1/1981.

+ BENEFICIARY'S CERTIFICATE CERTIFYING THAT EACH COPY OF SHIPPING DOCUMENTS HAS BEEN FAXED TO THE APPLICANT WITHIN 48 HOURS AFTER SHIPMENT.

PARTIAL SHIPMENT: PERMITTED

TRANSHIPMENTS: PERMITTED

SHIPMENT FROM: TIANJIN, CHINA

TO: TORONTO, CANADA

NOT LATER THAN: JUNE 30, 2006

COVERING SHIPMENT OF: 720 SETS OF GREAT WALL BRAND COLOUR TELEVISION SETS

DOCUMENTS MUST BE PRESENTED WITHIN 15 DAYS AFTER SHIPMENT, BUT WITHIN VALIDITY OF THE LETTER OF CREDIT.

SPECIAL INSTRUCTIONS:

ALL BANKING CHARGES OUTSIDE CANADA ARE FOR ACCOUNT OF BENEFICIARY.

ALL GOODS MUST BE SHIPPED IN FOUR 20' CY TO CY CONTAINER AND B/L SHOWING THE NO.

THE VALUE OF FREIGHT PREPAID HAS TO BE SHOWN ON BILL OF LADING.

DRAFT MUST MARKED AS BEING DRAWN UNDER THIS CREDIT AND BEAR ITS NUMBER.

WE HEREBY AGREE WITH THE DRAWERS ENDORSERS AND BONAFIDE HOLDER THAT ALL DRAFTS DRAWN UNDER AND IN COMPLIANCE WITH THE TERMS OF THIS CREDIT SHALL BE DULY HONORED UPON PRESENTATION.

THIS CREDIT IS SUBJECT TO THE UNIFORM CUSTOMS AND PRACTICE FOR DOCUMENTARY CREDITS 1993 REVISION BY THE INTERNATIONAL CHAMBER OF COMMERCE PUBLICATION NO. 500.

2．货物于 2006 年 6 月 15 日装运于中国远洋运输总公司的 CHANGQING V.1908 出口，请根据相关资料及信用证和合同的规定以出口公司业务员的身份缮制汇票和海运提单。

1．商业发票号码 2006/01034；

2．集装箱号为：BSKD90134592、90134593、90134595、90134598；

3．提单号为：DK101

4．Packing: ONE SET TO A CARTON, EACH 180 CARTON TO A 40' CONTAINER

Weight: 37KGS

Meas.: 77×65×61CM

注：汇票中每项均为 1 分，共 10 分；提单中除（4）（5）（6）项为 1 分，其余各项均为 2 分，共 20 分。

BILL OF EXCHANGE

No.（1）________________

For（2）________________ （3）________________

(amount in figure) (place and date of issue)

At （4）________________ sight of this FIRST Bill of exchange(SECOND being unpaid)

pay to （5）________________ or order the sum of

（6）________________

(amount in words)

Value received for （7） ________ of （8）________________

（quantity） （name of commodity）

Drawn under （9）________________

L/C No. 06/0510-FC dated 25-May-06

To:（10） For and on behalf of

TIANJIN SHANGSHI IMPORT & EXPORT CORP.

10 GEXIN ROAD, HEBEI DISTRICT, TIANJIN, CHINA

(Signature)

注：各项均为 1 分，共 10 分。

BILL OF LADING

1）SHIPPER		B/L NO. DK101
2）CONSIGNEE		COSCO
3）NOTIFY PARTY		中国远洋运输（集团）总公司
PLACE OF RECEIPT	4）OCEAN VESSEL	CHINA OCEAN SHIPPING (GROUP) CO.
5）VOYAGE NO.	6）PORT OF LOADING	*ORIGINAL*
7）PORT OF DISCHARGE	PLACE OF DELIVERY	Combined Transport BILL OF LADING

MARKS 8）	NOS. & KINDS OF PKGS. 9）	DESCRIPTION OF GOODS 10）	G.W.(kg) 11）	MEAS(m^3)
N/M				

4×40'FCL CY TO CY

CONTAINER NO.:BSKD90134592、90134593、90134595、90134598

12）

TOTAL NUMBER OF CONTAINERS OR PACKAGES(IN WORDS)	SAY SEVEN HUNDRED AND TWENTY CARTONS ONLY				
FREIGHT & CHARGES	**REVENUE TONS**	**RATE**	**PER**	**PREPAID**	**COLLECT**
PREPAID AT	**PAYABLE AT**		**PLACE AND DATE OF ISSUE**		
TOTAL PREPAID	**NUMBER OF ORIGINAL B(S)L** THREE(3)		TIANJIN,CHINA JUNE 15, 2006		
LOADING ON BOARD THE VESSEL			CHINA OCEAN SHIPPING (GROUP) CO.		
DATE	**BY**				

15-Jun-06 CHINA OCEAN SHIPPING (GROUP) CO.

***

综合测试四

一、名词解释（下列每道题 3 分，共 15 分）

1．中性包装

2．清洁提单

3．仓至仓条款

4．背书

5．不可抗力

二、单选题（下列每道题1分，共10分）

1．出口羊毛计算重量，通常采用的计量方法是______。

A．毛重　B．净重　C．公量　D．理论重量

2．使用循环信用证的目的在于简化手续和减少开证押金，这种信用证一般适用于______。

A．易货贸易、来料加工和补偿贸易

B．中间商用于转运他人货物的合同

C．母公司与子公司之间的贸易合同

D．定期分批、均衡供货、分批结汇的长期合同

3．福州某公司向朝鲜平壤某公司售出一批水果，采用DAF术语、铁路运输。DAF术语后应列明______。

A．福州　B．丹东（我国国境站）

C．新义州（朝鲜国境站）　D．平壤

4．在保险人所承保的海上风险中，搁浅、触礁属于______。

A．自然灾害　B．意外事故

C．一般外来风险　D．特殊外来风险

5．小陈在搬运货物的过程中看到货物的外包装上有一只酒杯图形，这种标志属于______。

A．危险性标志　B．指示性标志　C．警告性标志　D．易燃性标志

6．在国际上，对冷冻鱼或冻虾等没有公认规格和等级的商品，其交货时规定品质的方法常用______。

A．良好平均品质　B．上好可销品质　C．看货买卖　D．凭样品买卖

7．A公司将出口一批机电产品，你认为应选择______。

A．凭规格买卖　B．凭等级买卖

C．凭说明书买卖　D．凭样品买卖

8．若使买方在目的港对所收货物无权提出异议，商品检验______。

A．以离岸品质，离岸重量为准　B．以到岸品质，到岸重量为准

C．以离岸品质，到岸重量为准　D．以到岸品质，离岸重量为准

9．下列发盘有效的是______。

A．请改报装运期10日复到有效

B．你15日电接受，但以D/P替代L/C

C．你15日电每公吨30英镑20日复到

D．你15日电可供100件参考价每件8美元

10．在我国进出口业务中，计价货币应尽量选择______。
A．硬货币
B．软货币
C．进口用软货币，出口用硬货币
D．进口用硬货币，出口用软货币

三、多项选择题（下列每道题 2 分，共 10 分，多选或少选均不得分）

1．发盘的必备条件之一是发盘的内容必须十分确定，按《联合国国际货物销售合同公约》的规定，发盘中至少应包括______。
A．货物名称　　B．货物价格　　C．交易数量
D．支付方式　　E．交货时间
2．班轮提单的作用是______。
A．物权凭证
B．承运人签发给托运人的货物收据
C．承运人与托运人之间运输契约的证明
D．托运人申请租船订舱的证明
E．出口人纳税的依据
3．国际贸易中采用保付代理方式收取货款，对出口人的好处是______。
A．保理商负责进口人资信调查　　B．出口商承担信贷风险
C．保理商承担信贷风险　　D．保理商向出口人提供资金融通
4．涉及国际货物买卖的索赔通常有______。
A．买卖双方之间的索赔
B．向保险公司索赔
C．向运输部门索赔
D．向托运人索赔
E．向商检部门索赔
5．一方对另一方的发盘表示接受可采取的方式有______。
A．书面　　B．行为　　C．口头　　D．缄默　　E．不行动

四、判断题（下列每道题 1 分，共 10 分）

1．（　　）在国际上有关贸易术语的惯例有三种，即：《海牙规则》、《汉堡规则》和《2000 年国际贸易术语解释通则》。
2．（　　）如果合同和信用证中均未规定具体唛头，则填写发票时，“唛头”一栏可

以空白不填。

3.（ ）追索是指汇票等票据遭到拒付时，持票人要求其前手背书人、出票人、承兑人或其他的汇票人清偿汇票金额及有关费用的行为。

4.（ ）国际贸易惯例对买卖合同当事人具有法律约束力。

5.（ ）清洁提单是指不载有任何批注的提单。

6.（ ）如发盘未规定有效期，受盘人可在任何时间表示接受。

7.（ ）一般情况下，在以 FOB 术语成交的合同中，货物的价格构成是货物成本＋运费＋保险费。

8.（ ）凭文字说明买卖，又提供参考样品的卖方所交货的品质只要符合文字说明或与样品完全一致即可。

9.（ ）买卖合同规定："交货数量 5000 公吨，2001 年 9/10 月份装运"，那么出口企业可从 9 月 1 日至 10 月 31 日这段期间内任何一天将货物装运，但不得分批装运。

10.（ ）铁路运单和航空运单与海运提单一样具有物权凭证作用。

五、技能操作题（下列第 1 题 6 分，2、3 题每题 7 分，共 20 分）

1．某公司出口商品 1000 箱，每箱人民币收购价 100 元，国内费用为收购价的 15%，出口后每箱可退税 7 元人民币，外销价每箱 19 美元 CFR 曼谷，每箱货应付海运费 1.2 美元，计算该商品的换汇成本。(保留两位小数)

2．2006 年 8 月 5 日，中国某进出口公司（买卖以电传方式达成协议，根据协议，卖方发出了已经签署的"售货确认书"(Sales Confirmation)，其主要内容为：数量 3 万套，单价 30 美元，总价 90 万美元，价格条件是 CIF（成本加保险费加运费）某港交货，并明确要求买方在同年 9 月 5 日以前，向卖方开出百分之百的、保兑的、不可撤销的、可分割的即期付款信用证。8 月 20 日，卖方收到了经过买方签字的确认书，但买方将确认书中的 CIF 条件改为托盘运输条款。9 月 2 日，卖方收到了经过买方开出的信用证，金额与确认书相符，但信用证种类与价格条款等却与确认书原有规定存在重大差异。其一，信用证并非保兑：其二，确认书原定的 CIF 价格条件变成了托盘运输条款。据此，卖方于 9 月下旬电告买方拒收上述信用证，并将信用证退给了开证银行。此后，双方未能就确认书条款与信用证条款的差异达成一致，导致此合同不能履行，双方因此发生争议。现回答以下问题：

（1）本案中，买方修改了确认书而卖方未及时答复，合同是否成立?为什么？

（2）本案中信用证是否有效?请说明理由。

3．我国A公司以CIF汉堡出口食品1000箱，即期信用证付款。货物装运后，A公司凭已装船清洁提单和已投保一切险及战争险的保险单，向银行收妥货款，货到目的港后经进口人复验发现下列情况：

（1）该批货物共有10个批号，抽查20箱，发现其中2个批号涉及200箱食品细菌含量超过进口国标准；

（2）收货人只实收995箱，短少5箱；

（3）有10箱货物外表状况良好，但箱内货物共短少60千克。

试分析上述情况，进口人应分别向谁索赔?

六、单证缮制题（下列第1题15分，第2题20分，共35分）

1．请根据以下条件，填制合同：（以下每格1分，共15分）

远东贸易公司FAREAST TRADING CORP.与F.L.SMIDTH & CO.经过几个回合的交易磋商，就各项交易条件达成共识，概括如下。

货号品名规格：

FOREVER BRAND BICYCLE:

YE803 26' USD66.00 per set 600 sets

TE600 24' USD71.00 per set 600 sets

成交条件：CIFC5 Copenhagen

包装条件：1辆/纸箱，总共1200箱

交货/装运条件：从上海至哥本哈根，装运期为2006年9月30日前，允许分批装运和转运

保险条件：由卖方按发票金额的110%投保中国人民保险公司海运货物一切险和战争险

付款条件：开立不可撤销30天远期信用证，要求于2006年8月31日前到达买方，并在装船后15天内在中国议付有效。

请根据上述成交条件签订出口合同，要求格式清楚、条款明确、内容完整。

SALES CONFIRMATION

S/C No.: JH-FLSSC01 **Date:** JULY 15, 2006

The Seller: FAREAST TRADING CORP.
Address: 8TH FLOOR, JIN DU BUILDING,
277 WU XING ROAD,
SHANGHAI, CHINA

The Buyer: F.L.SMIDTH & CO. A/S
Address: 77, VIGERSLEV ALLE,
DK-2500 VALBY,
COPENHAGEN, DENMARK

Item No.	Commodity &Specifications	Unit	Quantity	Unit Price (US$)	Amount (US$)
				(4)	
1	(1)	SET	(2)	(5)	(7)
2		SET	(3)	(6)	(8)
					(9)
TOTAL CONTRACT VALUE: (10)					

PACKING: (11) TO BE PACKED IN________OF__________, TOTAL ______________

PORT OF LOADING & DESTINATION: (12) FROM ______________TO ______________

TIME OF SHIPMENT (13) TO BE EFFECTED BEFORE ______________WITH ______________AND______________

TERMS OF PAYMENT: (14) THE BUYER SHALL OPEN THROUGH A BANK ACCEPTABLE TO THE SELLER AT______________________WHICH SHOULD REACH THE SELLER BY THE END OF__________________AND REMAIN VALID FOR NEGOTIATION IN __________ UNTIL 15TH DAY AFTER THE DATE OF SHIPMENT.

INSURANCE: (15) THE SELLER SHALL COVER INSURANCE AGAINST ________________FOR ______OF THE TOTAL INVOICE VALUE AS PER THE RELEVANT OCEAN MARINE CARGO CLAUSES OF THE PEOPLE'S INSURANCE COMPANY OF CHINA DATED 1/1/1981.

REMARKS:

(1) The buyer shall have the covering letter of credit reach the Seller 30 days before shipment, failing which the Seller reserves the right to rescind without further notice, or to regard as still valid whole or any part of this contract not fulfilled by the Buyer, or to lodge a claim for losses

thus sustained, if any.

（2）In case of any discrepancy in Quality/Quantity, claim should be filed by the Buyer within 130 days after the arrival of the goods at port of destination; while for quantity discrepancy, claim should be filed by the Buyer within 150 days after the arrival of the goods at port of destination.

（3）For transactions concluded on C.I.F. basis, it is understood that the insurance amount will be for 110% of the invoice value against the risks specified in the Sales Confirmation. If additional insurance amount or coverage required, the Buyer must have the consent of the Seller before Shipment, and the additional premium is to be borne by the Buyer.

（4）The Seller shall not hold liable for non-delivery or delay in delivery of the entire lot or a portion of the goods hereunder by reason of natural disasters, war or other causes of Force Majeure, However, the Seller shall notify the Buyer as soon as possible and furnish the Buyer within 15 days by registered airmail with a certificate issued by the China Council for the Promotion of International Trade attesting such event(s).

（5）All deputies arising out of the performance of, or relating to this contract, shall be settled through negotiation. In case no settlement can be reached through negotiation, the case shall then be submitted to the China International Economic and Trade Arbitration Commission for arbitration in accordance with its arbitral rules. The arbitration shall take place in Shanghai. The arbitral award is final and binding upon both parties.

（6）The Buyer is requested to sign and return one copy of this contract immediately after receipt of the same. Objection, if any, should be raised by the Buyer within 15 days otherwise it is understood that the Buyer has accepted the terms and conditions of this contract.

（7）Special conditions: (These shall prevail over all printed terms in case of any conflict.)

Confirmed by:

THE SELLER	**THE BUYER**
FAREAST TRADING CORP.	F.L. SMITH & Co.
MANAGER	
(signature)	(signature)

2．请根据以上合同审核以下的信用证，在原文中划出并改正：（以下不符点每个 2 分，共 20 分）

WestLB (Europa) A. G.

P. O. BOX 2230　3000 CE Copenhagen　The Denmark　**IRREVOCABLE DOCUMENTARY CREDIT**

Cable Stanchart Telex 24108 (SCBR NL) Telephone (010) 4365322	OUR REFERENCE FLS-JHLC01	DATE OF ISSUE JULY 27TH, 2006

THIS IS AN OPERATIVE CREDIT INSTRUMENT		DATE OF EXPIRY: SEPTEMBER 15TH, 2006 PLACE OF EXPIRY: AT OUR COUNTER
Documents to be presented within 15 days after the date of issuance of the transport document(s) but within the validity of the credit.		
APPLICANT F.L.SMIDTH & CO. A/S 77, Vigerslev Alle, DK-2600 Valby Copenhagen Denmark Fax: (01) 20 11 90		BENEFICIARY FAREAST TRADING CORP. 8th Floor, Jin Du Building, 277 Wu Xing Road, Shanghai, China
ADVISING BANK Bank of China 23, Zhongshan Dong Yi Lu, Shanghai P.R. of China		AMOUNT USD 82,200.00 SAY US DOLLARS EIGHTY TWO THOUSAND TWO HUNDRED ONLY.
Partial shipments ALLOWED	Transshipment ALLOWED	Credit available with ADVISING BANK by NEGOTIATION
Shipment/Dispatch/Taken in charge from/at Shanghai Not later than: AUGUST 31TH,2006 To: COPENHAGEN		against presentation of the documents detailed herein and of your draft(s) at 30 DAYS SIGHT drawn on OUR BANK

DOCUMENTS REQUIRED:

- Signed commercial invoice in 3 copies mentioning l/c no. and vessel's name, together with beneficiaries' declaration confirming that one set of non-negotiable docs has to be sent to the applicant.

- 2/3 original clean shipped on board marine bill of lading issued to order and endorsed in blank, marked freight prepaid and notify the applicant.

- GSP Form A in duplicate, issued and signed by the commodity inspection bureau in Shanghai.

- Marine insurance policy in duplicate endorsed in blank for 110 percent of the invoice value against all risks & war risk, subject to CIC dated 1.1.1981, claims to be payable in Denmark in currency of the draft.

- Packing list in 3-fold showing color assortment of each art no., gross weight, net weight and measurement of each package.

-1/3 original clean shipped on board marine bill of lading should be airmailed to the Applicant within 48hours after shipment effected, A statement of the same is required in negotiation.

- Beneficiaries copy of fax to the applicant, advising shipping details including name of vessel, voyage no. L/C no. B/L no. quantity shipped, No. of packages, total amount, ETD/ETA, name of 2nd vessel (if possible) within 24 hours after shipment effected.

SPECIAL INSTRUCTIONS:

+ Transshipment is allowed only in Hong Kong.

GOODS:

S/C.NO.FLS9711: "FOREVER" BRAND BICYCLE 600 SETS YE803 24' @USD66.00/SET & 600 SETS TE600 26' @USD71.00/SET CIFC5 COPENHAGEN

SHIPPING MARK:

FLS

9711

1-1200

INSTRUCTIONS FOR NEGOTIATING BANK:

- Documents to be sent to us by registered airmail in two sets COPENHAGEN

- We will cover you upon receipt of documents in order.

-Documents to be presented within 5 days after the date of issuance of the transport documents

WestLB	(Europa) A.G.
ADEL	**JONG**
G.Den Adel (A570)	W.E. de Jong (A573)

SUBJECT TO UNIOFORM CUSTOMS AND PRACTICE FOR DOCUMENTARY CREDITS (1993 REV.) I.C.C. PUBLICATION NO. 500

参 考 答 案

习 题 部 分

第一篇　国际贸易标的物

第1~3章　习题

一、名词解释

1. 凭样品买卖。凡是以样品表示商品品质并以此作为交货品质依据的交易，称为凭样品买卖。

2. 对等样品。当卖方采用凭买方样品买卖时，为了减少交货时的风险，卖方可根据买方提供的样品加工复制出一个类似的样品交买方确认。这种经确认后的样品，我们称为对等样品或回样，有时也称之为确认样品。

3. 品质公差。即国际上公认的产品品质的误差。只要卖方交货的品质在公差范围内，就算提交了符合合同规定的货物，买方不得拒收货物，也不得要求调整价格。

4. 运输标志。是国际货物买卖合同、货运单据中有关货物标志事项的基本内容。它一般由一个简单的几何图形以及字母、数字及简单的文字组成，通常刷印在运输包装的明显部位，目的是为了使货物运输途中的有关人员辨认货物、核对单证。

5. 溢短装条款。是指在合同中，规定交货数量允许有一定范围的增减幅度，并明确溢短装部分由谁选择和如何作价的条款。

6. 中性包装。是指在商品的本身，以及商品的内包装和外包装上，既不标明生产国别，地名和厂商名称，也不标明商品的商标或品牌的包装。

二、单项选择题

1. A　2. D　3. B　4. A　5. A　6. D　7. B　8. B　9. C　10. B　11. B
12. C　13. C　14. B　15. C　16. B　17. A　18. B　19. B　20. B

三、多项选择题

1. AB　2. AC　3. BCD　4. BCD　5. AD
6. BC　7. ACD　8. AC　9. AB　10. ABCE

四、判断题

1. × 2. × 3. √ 4. × 5. × 6. × 7. × 8. × 9. √ 10. √ 11. ×
12. × 13. × 14. × 15. √ 16. √ 17. × 18. √ 19. √ 20. ×

五、技能操作题

1．答：（1）溢短装条款。

（2）1000×（1＋5%）＝1050（吨）

1000×（1－5%）＝950（吨）

（3）150×1040＝156000（美元）

2．答：公量＝实际重量（1＋标准回潮率）/（1＋实际回潮率）

＝10×（1＋11%）/（1＋25%）

＝8.88（公吨）

3．答：（1）按国际贸易惯例，唛头有买方提供时在合同中应规定买方提供时间。

（2）该公司在此情况下应致电买方询问耽误原因，请其快速电告所设计唛头，否则将由该公司自行规定。

4．答：我方凭单证向银行议付时会遭到拒付。

因为根据 UCP600 的规定，在使用信用证时，银行是以信用证的金额为限，该案例中我方实际发运货物的总金额为 198000 美元，超出了信用证的总金额，因此会遭到银行的拒付。

5．答：我方要赔偿对方损失。

根据《联合国国际货物销售合同公约》的规定，卖方交货的品质要与样品品质相符。这批瓷器出现“釉裂”由配方本身与加工不当所导致。买方收到货物时无法发现，要经过一段时间后才可显露出来；而同时留存样品与出现同样情况，所以要赔偿。

6．答：问题主要出在文字说明方面。出口商品的销售包装上应有必要的文字说明，如商标、牌名、品名、产地、数量、规格、成分、用途和使用方法等。使用的文字必须简明扼要，并让顾客能看懂，必要时也可中外文同时并用。具体到本案例，当地人除了对仕女图投入一瞥外，不知内装何物。即使消费者知道内装为茶叶，但是红茶还是绿茶？分量多少?质量如何？还是无从知道。因此上述包装不便于消费者了解商品，不了解何谈购买?

第二篇　国际贸易术语与商品价格

第4~5章　习题

一、名词解释

1．Trade term：贸易术语，是在长期的国际贸易实践中产生的，用来说明商品的价格构成，说明货物交接过程中的有关风险、责任和费用划分问题的专门用语。

2. Symbolic Delivery：象征性交货，是与实际交货相对而言，指卖方只要按期在约定地点完成装运，并向买方提交合同规定的包括物权凭证在内的有关单证，就算完成交货义务，而无需保证到货。

3. FOB：Free On Board（...named port of shipment）的简写，即船上交货（指定装运港），习惯称为装运港船上交货。按 FOB 成交，由买方负责派船接运货物，卖方应在合同规定的装运港和规定的期限内，将货物装上买方指定的船只，并及时通知买方。货物在装船时越过船舷，风险即由卖方转移至买方。

4. 折扣：是指卖方按原价给予买方一定百分比的减让，即在价格上给予适当的优惠。

5. 出口换汇成本是指某商品出口净收入一个单位的外汇所需要的人民币成本，是衡量外贸企业的进出口交易盈亏的重要指标。

二、单项选择题

1. C 2. D 3. C 4. D 5. C 6. A 7. B 8. C 9. A 10. C 11. C
12. C 13. D 14. A 15. A 16. A 17. B 18. A 19. A 20. D

三、多项选择题

1. CD 2. ABCE 3. ABCD 4. ABCD 5. AC
6. BCD 7. ABC 8. ABC 9. CD 10. ABCDE

四、判断题

1. √ 2. × 3. × 4. × 5. × 6. × 7. √ 8. × 9. × 10. √ 11. ×
12. × 13. × 14. × 15. × 16. √ 17. √ 18. × 19. × 20. √

五、技能操作题

1. 答：(1) CFR 净价＝CFRC3%×（1－佣金率）＝100×（1－3%）＝97（美元）
(2) 佣金＝CFRC3%×佣金率＝100×3%＝3（美元）
(3) CFRC5%＝CFR 净价/（1－佣金率）＝97/（1－5%）＝102.11（美元）

2. 答：CIF＝(FOB＋F)/(1－110%×保险费率)
＝（500＋500×3%）/（1－110%×1%）
＝520.73（美元）

3. 答：出口换汇成本＝出口总成本/出口外汇净收入
＝（5000＋500）/（1000－100－1000×110%×0.1%）
＝6.12 元人民币/美元

4. 答：(1) 该批商品的出口总成本＝10000＋1500＋1000＋100＝12600（元人民币）

（2）该批商品的出口换汇成本＝出口总成本／出口销售外汇净收入

$$=12600/2000$$

$$=6.3\text{（元人民币/美元）}$$

$$\text{（3）该批商品的出口盈亏率}=\frac{\text{（出口销售人民币净收入}-\text{出口总成本）}}{\text{出口总成本}}\times 100\%$$

$$=\frac{(2000\times 8.2736-12600)}{12600}\times 100\%$$

$$=31.33\%$$

5．答：（1）我方应拒绝撤销合同的无理要求。

（2）根据 FOB 术语，买方负责租船订舱、支付运费。为了卖方装船交货方便，卖方也可以接受买方的委托，代为租船订舱，但费用和风险应由买方承担，卖方不承担租不到船的责任。

（3）结合本案例，因为卖方代买方租船没有租到，买方又不同意改变装运港，因此卖方不承担因自己未租到船而延误装运的责任。买方也不能因此撤销合同。

6．答：该公司可向卖方提出索赔。理由如下：

按 CFR 条件成交时，尽管货物在海运中的风险已转移给买方，但买方为降低自己的风险可办理货运保险，这取决于卖方是否及时向买方发出装货通知，据惯例解释，如果卖方未及时向买方发出装货通知，导致买方未能及时办理保险手续，由此引起的损失由卖方负担。就本案例而言，该公司货物部分丢失是由于卖方未发出装货通知而公司未办保险手续引起的损失，因此，该公司应向卖方提出索赔。

7．答：我方不能因床单受潮而拒付货款，也不能向卖方提出索赔。理由如下：

（1）采用 CIF 术语成交时，属于象征性交货，卖方是凭单交货买方是凭单付款，只要卖方如期向买方提交了合同规定的全套合格单据，即使货物在运输途中损坏或灭失，买方也必须履行付款义务。反之，如果卖方提交的单据不符合要求，即使货物完好无损地运达目的地，买方仍有权拒付货款。就此案例而言，卖方提交了全套合格单据，我方应支付货款。

（2）在 CIF 条件下，买卖双方风险转移界限以船舷为界。货物越过船舷后的风险应由买方负担。就本案例可以看出，货物越过船舷之前是完好的，因此卖方不承担风险。我方据此不能向卖方提出索赔，可依照所投险别向保险公司提出索赔。

第三篇　国际货物交付

第六章　国际货物运输

一、翻译并解释下列名词

1．海运提单。是指用以证明海上货物运输合同和货物已经由承运人接收或装船，以及承运人保证据以交付货物的单证。

2. 过期提单。是以提单签发后超过信用证规定期限才交到银行的提单，或者银行按正常邮程寄单，收货人不能在船到目的港前收到的提单。

3. 国际多式联运。是以集装箱运输的基础上产生和发展起来的一种综合性连贯运输方式。它一般是以集装箱为媒介，把海、陆、空各种传统的单一运输方式有机地结合起来，形成一种国际间的连贯运输。

4. 分批装运。是指一笔成交的货物，分成若干批装运。但一笔成交的货物，在不同时间和地点分别装在同一航次、同一条船上，即使签发提单的时间和地点不同，只要注明目的港相同，也不能按分批装运论处。

5. 转运。在水上运输时也称为转船。是指货物在装运港起运后，在中途换装其他船舶至目的港。

二、单项选择题

1. C 2. C 3. C 4. D 5. B 6. D 7. C 8. B 9. C 10. A 11. B
12. A 13. A 14. B 15. C 16. B 17. C 18. B 19. B 20. A

三、多项选择题

1. AB 2. BC 3. ACD 4. ABCD 5. BCD
6. BCD 7. AB 8. BCD 9. AC 10. ABCD

四、判断题

1. × 2. √ 3. × 4. × 5. √ 6. √ 7. × 8. × 9. × 10. × 11. √
12. × 13. √ 14. √ 15. × 16. √ 17. × 18. × 19. × 20. ×

五、技能操作题

1. 答：运费＝基本费率×（1＋附加费率之和）×货运量
＝367×（1＋15%＋33%＋5%）×（0.47×0.39×0.26）×100
＝2676.04（港元）

2. 答：该批货的计费标准为 W/M，45 公斤＝0.045 公吨，体积 0.05 立方米 M>W；因此，运费应按 M 计收。

CFR＝FOB＋G＝38＋200（1＋10%）×0.05＝49（美元）

CFRC2%＝CFR 净价/(1－佣金率)＝49/(1－2%)＝50（美元）

3. 答：该批货物毛重 19.6 公吨>14.892 立方米；货物计费标准 W/M，按重量计算运费。

总运费＝19.6×(20.5＋60＋14)＝1852.2 美元

4. 答：（1）我方的作法不合适。

（2）合同中规定的卸货港为日本口岸，按照惯例，进口商在装运前应通知出口商，否则出口商可自行决定，可在日本的任何一个港口卸货；我方去电询问纯属多此一举，这种做法不妥当。日方撤消合同没有正常理由，违约的原因是价格下跌，属正常商业风险，不能作为撤约的理由。

5．答：（1）银行的拒付是无理的。

（2）信用证中的装运条款规定："Shipment from Chinese port to Singapore in May，Partial shipment prohibited."即规定不允许分批装运。而我方 500 公吨货物分别在福州和厦门装运，且同为"嘉陵"号，因此，本案的主要问题是要确定运往统一目的地的货物在不同时间和地点分别装上统一航次、同一艘载货船只，属不属于分批装运的问题。

（3）根据《UCP600》的规定："运输单据表面注明货物系使用同一运输工具并经同一路线运输的，即使每套运输单据注明的装运日期不同及/或装运港、接受监管地、发运地不同，只要运输单据注明的目的地相同，也不视为分批装运。"由此可见，本案中我方的做法不属于分批装运，所以，银行拒绝付款无理。

6．答：（1）我方的失误是未能按期在 6 月份装运，且将两批货物装上同一船只，违反了信用证中分批装运的规定，导致付款行拒付。

（2）付款行拒付的依据是，我方未按信用证的规定分批装运，导致信用证失效。根据《UCP600》的规定："如信用证规定在指定的时间内分批装运，若其中任何一批未按约定的时间装运，则信用证对该批和以后各批均告失效。"

（3）本案中，来证规定："Shipment during April/July，April Shipment 800M/T，May Shipment 800M/T，June Shipment 800M/T，July Shipment 600M/T"。而我公司因船期延误，6 月份的 800 公吨货物拖延到 7 月 12 日才实际装运出口，7 月 15 日，我方又在同一条船上装运 600M/T，这实际上违反了分批装运的规定，信用证对 6、7 两月的结汇失效，因而，付款行收到单据后来电表示拒绝支付这两批货物的货款是有根据的。

第七章　国际货物运输保险

一、名词解释

1．实际全损。又称绝对全损，是指被保险货物在运输过程中全部灭失或等同于全部灭失，如货物完全变质或货物实际上已不可能归还被保险人。

2．推定全损。指被保险货物遭遇保险事故后，认为实际全损已经不可避免，或者为避免发生实际全损所需支付的费用与继续将货物运抵目的地的费用之和超过保险价值的损失。

3．共同海损。指载货船在运输途中遇到灾害、事故，威胁到船舶和所有货物的共同安全。为了解除这种威胁，维护船货的共同安全，使航程得以继续完成，由船方有意识地、合理地采取措施所作出的某些特殊牺牲或支出的某些特殊费用，这些损失和费用即共同海损。

4．委付是指被保险人将保险货物的一切权利转让给保险人，并要求保险人按全损给予赔偿的行为。委付必须经保险人同意方为有效，保险人一经接受，委付就不得撤回。

5．保险单。俗称大保单，是一种正规的保险合同，除载明被保险人名称，被保险货物名称，数量或重量，，运输工具，保险起止地点，承保险别，保险金额和期限等项目外，还有保险人的责任范围，以及保险人与被保险人背书后随同物权的转移而转让。

二、单项选择题

1．B 2．C 3．C 4．C 5．C 6．C 7．D 8．C 9．B 10．B
11．D 12．D 13．C 14．C 15．A 16．C 17．A 18．C 19．B 20．B

三、多项选择题

1．AB 2．AB 3．BC 4．BD 5．ABC 6．ABCD
7．ABCD 8．ABCE 9．ABDE 10．ABCD

四、判断题

1．× 2．× 3．× 4．× 5．√ 6．× 7．× 8．× 9．× 10．×
11．× 12．√ 13．× 14．√ 15．× 16．× 17．√ 18．√ 19．× 20．×

五、技能操作题

1．答：（1）投保金额＝发票金额×（1＋投保加成）
＝1200×（1＋10%）
＝1320（美元）

（2）保险费＝投保金额×保险费率
＝1320×（0.6%＋0.04%）
＝8.45（美元）

2．答：（1）保险公司应赔偿1000美元的损失，而1500美元的损失应由买方自己承担。

（2）因为，根据中国人民保险公司《海运货物保险条款》水渍险的责作范围的规定，该案例中的1000美元是运输工具遇到自然灾害造成的部分损失，保险公司对此应负责赔偿。

（3）化肥袋包装破裂险属一般附加险的责任范围，它不在所投保的水渍险的责任范围，故保险公司不予赔偿。按CIF条件成交，卖方只需按合同规定投保险别，运输途中的风险则由买方承担，故案例中的1500美元则由买方自负。

3．答：（1）①、③是因火灾而造成的直接损失，属单独海损。

（2）②、④、⑤是因维护船、货共同安全，进行灌水灭火而造成的损失和产生的费用，属于共同海损。

4．答：进口商向保险公司索赔无理。因为投保罢工险，保险公司只对因罢工造成的直接损失负责赔偿，对于间接损失不负责赔偿。例如，由于罢工引起劳力不足或不能运用，致使堆放在码头的货物遭到淋雨日晒而受损，冷冻机因无燃料而中断致使货物变质等均属间接损失。保险公司对于这类损失均不予赔偿。

5．答：(1）与日本商人的交易：由卖方办理货运保险手续；与英国商人的交易：由买方办理货运保险手续。

(2）在这两笔交易中，该风险与责任均由卖方承担。

(3）保险公司对于“与日本商人的交易”应对该货损给予赔偿， CIF条件下由卖方投保，保险合同在货物启运地启运后生效；保险公司对于“与英国商人的交易”不会对该货损给予赔偿，FOB、CFR条件下由买方投保，保险合同在货物越过船舷后生效。

第四篇　国际货款的收付

第8~9章　习题

一、名词解释

1．汇票。是一个人向另一个人签发的要求见票时或在将来的固定时间，或可以确定的时间，对某人或其指定的人或持票人支付一定金额的无条件的书面支付命令。

2．承兑。是指持票人对远期汇票表示承担到期付款责任的行为。

3．背书。是转让汇票权利的一种手续，就是由汇票抬头人在汇票背面签上自己的名字，或再加上受让人的名字，并把汇票交给受让人的行为。

4．远期付款交单凭信托收据借单。是指在远期付款的条件下，出口人允许进口人先凭信托收据借走单据提货，汇票到期付清货款。这种做法叫付款交单凭信托收据借单。

5．备用信用证。是一种特殊形式的信用证，是开证行对受益人承担一项义务的凭证。在备用信用证中，开证行保证在开证申请人未能履行其应履行的义务时，受益人只要凭备用信用证的规定向开证行开具汇票，并随附开证申请人未履行义务的声明或证明文件，即可得到开证行偿付。

二、单项选择题

1．A　2．A　3．C　4．B　5．B　6．C　7．A　8．B　9．D　10．B　11．D
12．A　13．B　14．B　15．A　16．A　17．B　18．A　19．B　20．C

三、多项选择题

1．ABCD　2．CD　3．ABCDE　4．ABCD　5．ABC
6．ABCE　7．ABCD　8．BCE　9．AD　10．ABCDE

四、判断题

1．×　2．×　3．×　4．×　5．×　6．√　7．√　8．×　9．×　10．×

11. × 12. × 13. × 14. × 15. √ 16. × 17. × 18. × 19. × 20. √

五、技能操作题

1. 答：贴现利息金额＝到期值×贴现率×期限

＝1000000×8%÷360×60

＝13333.33 美元

贴现后金额＝票面金额－贴现利息－手续费

＝1000000－13333.33－100

＝986566.67 美元

2. 答：银行对于我方的做法不可以拒付，因为：根据信用证的性质，信用证是根据合同开立，但信用证一经开出，就成为独立于合同之外的另一种契约，不受买卖合同的约束。我方只要提交的单据与信用证相符，银行就不可以拒付。信用证中笼统规定“最迟装运期 6 月 30 日，分数批装运”，所以，我方的做法是可以的。只要提交的单证符合银行就应该要付款。但为了防止日后的麻烦，我方应争取等量分批的做法，这既符合了合同规定，又满足了信用证的要求。

3. 答：出口公司应当认真制作单据，并及时送交银行议付。只要单证相符，单单相符，并在信用证有效期内送交议付行，开证行必须付款。因为信用证是银行信用证，开证行是第一性的付款人，开证行一旦开出信用证，就必须保证在受益人提交了符合信用证规定的单据时付款。开证行的倒闭，并不能解除开证行的付款义务。

4. 答：（1）提出将 D/P 即期改为 D/P 90 天远期，很显然旨在推迟付款，以利其资金周转。

（2）而日商指定 A 银行作为该批托收业务的代收行，则是为了便于向该行借单，以便早日获取经济效益。在一般的 D/P 远期业务中，代收行在未经授权的情况下通常是不会轻易同意付款人借单的。该日商所以提出通过 A 银行代收货款的原因，当然是该商与 A 银行有既定融资关系，从而可取得提前借单的便利，以达到进一步利用我方资金的目的。

5. 答：我方应按规定交货并向该保兑外资银行交单，要求付款。因为根据《跟单信用证统一惯例》，信用证一经保兑，保兑行与开证行同为第一性付款人，对受益人就要承担保证付款的责任，未经受益人同意，该项保证不得撤销，只要受益人在信用证的有效期内将符合 L/C 规定的单据递交保兑行，保兑行必须议付、付款。

6. 答：（1）4 月 12 日交单不可，因为虽在信用证的有效期内，但交单超过装船日后 21 天，此时提单为过期提单。

（2）如果装船日为 3 月 30 日，4 月 16 日交单，提单不为过期提单，但却超过信用的有效期，所以交单日不仅要保证在装船期后 21 天内，还要保证在信用证的有效期内。

7. 答：（1）上述条款是一个使受益人“进退两难”的条款。案例中的“1/3”提单条款埋藏着隐患，如果我方按信用证要求向客户直接邮寄了 1/3 正本提单，客户可以凭其去提货，因为它代表了物权凭证。之后客户仍有可能拒付信用证项下的单据，造成“货款两空”。如果不向客户直接邮寄了 1/3 正本提单，那么会出现案中所出现的“不符点”，遭到银行的拒付。本案客户总算接受单据，化解了纠纷，但并不意味着以后也都会接受，或其他客户也能接受，因此应引起重视。

（2）防范的方法：酌情取消该条款。对于远洋客户，完全没有必要在信用证中规定此条款，因此可以不加考虑要求对方取消该条款。对于近洋客户，有可能客户为了尽快去提货而要求向其直接邮寄了 1/3 正本提单，可以酌情考虑。但事实上，客户完全可以凭其银行保函去办理提货的，凭 1/3 正本提单去提货只不过是图个方便而已。但是对出口商而言，如果信用证交单时再出现不符点，有可能银行会拒付货款，可能造成货款两空。

第五篇　争议的预防与解决

第10~13章　习题

一、名词解释

1．争议。是指交易的一方认为另一方没有履行合同规定的责任或义务而引起的纠纷。

2．违约。是指买卖双方之中任何一方未能履行或未能全部履行合同义务的行为。

3．索赔。是指遭受损害的一方在争议发生后，向违约方提出赔偿的行为。

4．法定检验。是根据国家的有关法令规定，由商检局对大宗的，关系国计民生的重点进出口商品，容易发生质量问题的商品，涉及安全卫生的商品以及国家指定的由商检局统一执行检验的商品等实施强制性的检验，以维护国家的信誉和利益。

5．不可抗力。是指买卖合同签订后， 不是由于合同当事人的过失或疏忽， 而是由于发生了合同当事人无法预见、无法预防、无法避免和无法控制的事件，以致不能履行或不能如期履行合同，发生意外事件的一方可以免除履行合同的责任或推迟履行合同。

三、单项选择题

1．C　2．B　3．A　4．A　5．B　6．B　7．B　8．D　9．A　10．D
11．C　12．A　13．A　14．A　15．C　16．B　17．B　18．A　19．A　20．D

四、多项选择题

1．ABC　2．ABCD　3．CD　4．ABC　5．ACD
6．ABCD　7．ABCD　8．ABC　9．ABC　10．BC

五、判断题

1．×　2．√　3．×　4．×　5．×　6．×　7．×　8．×　9．×　10．√

11. √ 12. × 13. × 14. × 15. × 16. √ 17. × 18. √ 19. √ 20. √

六、技能操作题

1. 答：要搞清此案例中我方向谁索赔，首先要分清保险公司和船公司各自的责任范围。（1）因为此案例中，保险公司确实未见到货物，未得到轮船事故证明单之类的证据，因此保险公司有理由拒赔。（2）而此案中货物短缺的原因是乳酪被海水浸湿而投弃海中的，非人力不可抗拒事故，所以这次事故的责任方是船公司，船公司应认真理赔，一方面退还运费，一方协商或经过仲裁，承担赔偿责任。

2. 答：澳方实际是以不可抗力为由在要求推迟履行合同，故关键要看是否构成不可抗力。小麦为种类货物，澳方如不能供应可从它国购入交货，不能因世界市场价格上涨，而拒绝这样做。从情况分析，尚构不成不可抗力。

3. 答：（1）对B国合同应该撤销。

（2）对C国的合同，因两国不是敌对国家，除非交通断绝或其他履约障碍，否则不得引用不可抗力要求撤销。

4. 答：（1）此当事人在订立检验条款时，往往忽视了机电设备和一般货物在检验方面的不同要求。机电产品并不适于在港口进行检验，因为在港口对机电设备无法进行装配和调试，无法判断其品质好坏甚至数量多少。尽管如此，如果在合同上订明了货物应在目的港进行检验，那么仍应按合同办事，否则就是违约。

（2）本案例中机电设备的最终目的为N县城，但在合同中却未表现出来，此为买方的一大失误。在此情况下，买方单方面决定在N县城对货物进行检验，卖方有理由不予接受。另外，从天津港到N县城须经长途陆路运输，在陆运过程中的颠簸和装卸极有可能使设备损坏。

（3）商检证书除了证明货物残损情况外，还评定"货物残损系发货前因素所致"，却未说明理由，似嫌武断，证据不足。

5. 答：（1）就买卖双方所签的合同来说，出口方属于违约骗汇，但就信用证的性质来说，它属于单证的买卖，出口方只做到"单单一致，单证一致"就可以收到货款。

（2）A公司在此事件中应吸取的教训是对要进口货物在出货前的检验是很有必要的，以防止出口方与船公司勾结骗汇。

第六篇　合同的商订与履行

第十四章　合同的洽商与订立

一、名词解释

1. 询盘。又称询价。指交易一方为了购买或销售某项商品，而向对方提出关于交易条件的询问。

2．发盘。又称发价或报价。指交易一方向对方提出各项交易条件，并愿意按这些条件达成交易、订立合同的一种肯定表示。

3．还盘。也称拒绝要约。指受盘人收到发盘后，对发盘的内容不同意或不完全同意，为了进一步洽商交易，向发盘人提出修改或新的限制性条件的行为。

4．接受。是指受盘人在发盘规定的时限内，以声明或行为表示同意发盘提出的各项条件。

5．磋商交易。是指交易双方就交易条件进行洽商，以求达成一致协议的具体过程。它是国际货物买卖必须具有的一个重要环节，也是签订买卖合同的必经阶段。

二、单项选择题

1．D　2．C　3．B　4．B　5．B　6．B　7．A　8．B　9．D　10．C
11．C　12．C　13．A　14．A　15．A　16．D　17．A　18．D　19．D　20．A

三、多项选择题

1．ABC　2．ABC　3．ACE　4．ABCD　5．ABCDE
6．BE　7．ABCD　8．BD　9．ABC　10．BCD

四、判断题

1．√　2．×　3．×　4．×　5．×　6．√　7．√　8．×　9．√　10．×　11．×
12．×　13．×　14．√　15．√　16．×　17．×　18．×　19．×　20．×

五、技能操作题

1．答：A、B 公司合同不成立。因为 A 公司于 8 月 13 日收到 B 公司来电，A 公司向荷兰 B 公司发盘于 8 月 14 日送达 B 公司。这说明 B 公司是在 A 公司的发盘生效前向 A 公司发电表示“欲购买 5000 公吨花生油，CIF 鹿特丹 695 美元”，这属于交叉发盘，因而 A、B 公司的合同不成立。

2．答：可以，因为《公约》规定：采用口头发盘时，除发盘人发盘时另有声明外，受盘人只有当场表示接受方为有效。此案例中，客人对我方业务员口头发出的实盘没有当场表示接受，所以他的接受无效，但是我们的同意接受他的回复也可。

3．答：甲公司与乙公司之间合同不成立。《联合国国际货物销售合同公约》第 15 条规定：“一项发价，即使是不可撤销的，得予撤回，如果撤回通知于发价送到被发价人之前或同时到达被发价人。”本例受盘人接受通知虽于我规定期限内到达，但我方 5 月 7 日发盘已被 5 月 10 日电报撤回，撤回通知与发盘于 5 月 11 日上午同时送达乙公司，撤回有效，原发盘没有生效，所以乙公司接受无效，双方合同关系没有成立。

4．答：此案例中意商是错误的，因为我国与意商都属公约的缔约国，都受其约束。因为意商在发盘时，已知道中福公司的意图，要以此为基础对外报价，根据《公约》规定受盘人有理由信赖该发盘是不可撤销的，而且受盘人已本着对该发盘的信赖行事那么此发盘不可撤销。而且中福公司在5月20日又对意商回复此盘不可撤销，在5月31日又对原实盘表示了接受。所以此发盘不可撤销。

5. 答：此为国际贸易磋商中的还盘问题。由于包装不属于发盘或还盘实质性条件，因此我方的回复不构成一项还盘，巴方不必对此做出回答，合同已经按照原发盘内容和接受中的某些修改为交易条件成立。所以我方以巴方对修改包装条件未确认为理由否认合同的成立是不正确的。

第十五章 进出口合同的履行

一、名词解释

1. 托运单。是指托运人（发货人）根据买卖合同和信用证的规定内容填写的向承运人或其代理人办理货物托运的单据。

2. 装货单/下货纸。公司或其代理人在接受托运申请后，发给托运人或货运代理人的单据。

3. 大副收据。收货单是货物装船后，承运船舶的大副签发给托运人的，表示已收到货物并已装船的货物收据，托运人可凭其向船公司或其代理人换取正式提单。

4. 收妥结汇：又称“先收后结”，是指出口地银行收到受益人提交的单据，经审核确认与信用证条款的规定相符后，将单据寄给国外付款行索偿，待付款行将外汇划给出口地银行后，该行再按当日外汇牌价结算成人民币交付给受益人。

5. 出口押汇：又称“买单结汇”，是指议付行在审核单据后确认受益人所交的单据符合信用证条款规定的情况下，按信用证的条款买入受益人的汇票和/或单据，按照票面金额扣除从议付日到估计收到票款之日的利息，将净数按议付日人民币市场汇价折算成人民币，付给信用证的受益人。

二、单项选择题

1. B 2. A 3. C 4. C 5. C 6. B 7. B 8. B 9. D 10. C 11. C
12. C 13. A 14. C 15. B 16. A 17. D 18. B 19. A 20. B

三、多项选择题

1. AB 2. AC 3. AB 4. AD 5. ABC
6. ABC 7. CD 8. ABCD 9. ABD 10. ABCD

四. 判断题

1. × 2. × 3. × 4. √ 5. × 6. √ 7. × 8. × 9. √ 10. √ 11. √

12．√　13．×　14．×　15．×　16．√　17．×　18．×　19．√　20．×

五、技能操作题

1．答：开证行拒付的理由是不合理的。

因为不可撤销信用证修改可以由任何一方提出。但是，无论信用证修改是根据哪一方的要求，均必须经过有关当事人全部同意后才能办理当事人为申请人、受益人、开证行、保兑行（如果有的情况下），修改必须经过这几方同意后才能生效。UCP600 规定，在受益人告知通知修改的银行其接受该修改之前，原信用证（或含有先前被接受的修改的信用证）的条款对受益人仍然有效。受益人应提供接受或拒绝修改的通知。如果受益人未能给予通知，当交单与信用证以及尚未表示接受的修改的要求一致时，即视为受益人已作出接受修改的通知，并且从此时起，该信用证被修改。而在本题中，我方没有表示接受信用证修改，原证仍然有效。

2．答：我方的做法可能会产生：（1）因开证银行不同意修改信用证或拖延修改信用证，导致我方无法单证一致而安全收汇；（2）我方无法辨别信用证修改书的真伪就办理装运，可能会货款两空。

正确的信用证修改渠道是：受益人与开证申请人联系修改信用证，开证申请人到开证银行修改信用证，开证银行将信用证修改送达通知银行，通知银行审核修改的真伪性后将修改送达受益人。

3．答：付款行不能以此为由拒付还款。

因为根据《UCP600》的规定除了商业发票以外的其他单据中的货物描述可以使用统称，只要不与信用证相互冲突。本案例中我方海运提单中用的是商品的统称与信用证并无冲突，因此付款行不能拒付。

4．答：第（1）个理由不成立，《UCP6500》规定：除非信用证另有规定，商业发票无需签字。因此，商业发票上没有受益人签字应认为单证相符。

第（2）理由也不成立，《UCP600》规定：全套正本提单可以是一份或一份以上正本提单，因此，本证下正本提单是一份组成应属单证相符。

第（3）个理由成立，《UCP600》规定：信用证未规定保险金额，则最低保险金额应为 CIF 或 CIP 金额加 10%，本案保险金额与发票金额相等，因此投保金额不足，构成单证不符。

5．答：我方可以从银行取得货款。

因为根据《UCP600》的规定：如果交单期限最后一天适逢接受单据银行的非营业日，则顺延至该银行恢复营业后的第一个营业日。本案例中我方交单的 6 月 8 日、9 日恰逢银行非工作日，因此可顺延至下一个工作日，即 6 月 10 日，银行必须付款。

第七篇 国际贸易方式

第16~19章 习题

一、名词解释

1. 独家代理，指代理人在约定的地区和一定期限内，单独代表委托人从事代理协议中规定的有关业务。

2. 包销，经销商在协议规定的期限和地域内，对指定的商品享有独家经营权。

3. 经销，是指进口商（经销商）根据与国外的出口商（供货商）达成的书面协议，承担在规定的期限和地理范围内购销指定的商品的一种做法。

4. 补偿贸易。又称回购，是指在信贷的基础上，一方进口机器设备或技术，不用现汇支付，而以产品或劳务分期全额或部分偿还价款的一种贸易方式。

5. 套期保值，又称对冲交易，它的基本作法是在买进（或卖出）实货的同时或前后，在期货交易所卖出（或买进）相等数量的合同作为保值。

二、单项选择题

1. A 2. A 3. B 4. C 5. C 6. A 7. B 8. A 9. B 10. A
11. C 12. B 13. A 14. C 15. A 16. B 17. C 18. B 19. B 20. C

三、多项选择题

1. ACD 2. ACD 3. ABCD 4. ABCD 5. BCD
6. BCD 7. AB 8. BC 9. BC 10. ABCD

四、判断题

1. × 2. × 3. × 4. × 5. × 6. × 7. × 8. √ 9. √ 10. √ 11. √
12. √ 13. × 14. × 15. √ 16. × 17. × 18. √ 19. √ 20. ×

五、技能操作题

1. 答：A 公司没有这种权利。独家代理是指委托人给予代理人在一定地区和一定期限内享有代销指定商品的专营权，而本道案例题中 A 公司指定 B 公司作为中国的独家代理，没有明确代理的具体商品，因此只能理解为 B 公司是 A 公司所有产品的独家代理商。所以对于 A 公司推出的改进产品，按理也只能理解为是 A 公司的产品，所以再指定 C 公司作为改进产品的独家代理不合适。

2. 答：A 公司采用的贸易方式不恰当。寄售方式适用于新产品在国外市场上的推销，而本案中A公司却以寄售方式要求中东地区代销商推销积压商品，该商品在当地市场不适销对路，故难以被售出，A公司反而承担了货物运输费用以及客户推销商品的业务费用等。且在寄售业务中，双方是委托代销的关系而不是买卖关系，代销人的责任只限于在货物抵达后照管货物，尽力推销，并依照寄售人的指示处置货物，不承担寄售货物的任何风险和费用。

3．答：补偿贸易的前提条件是信贷，即交易的一方在对方提供信贷的基础上进口机器设备或技术，然后再向对方返销以该进口设备及/或技术所生产的直接产品或相关产品或其他产品或劳务的价款分期偿还进口价款的本金和利息。补偿贸易是在信贷基础上进行的，是利用外资的一种形式，即通过较长期的资金融通，将从国外进口设备、技术等的价款以产品分期清偿，而且把产品销售的风险也转移给外国技术设备的出口方。而本案的外贸公司依靠出口鱼品积累了一定的外汇收入，拟从国外进口新渔轮，这属于一般的出口贸易和进口贸易，不是补偿贸易的性质，因此不能享受补偿贸易的优惠待遇。

4．答：我方不能接受这个要求。补偿贸易是指一方在另一方提供信用的基础上，从国外另一方企业购进机器设备、技术和服务等，不用现汇支付，等到项目投产后，用返销该项目生产的产品或其他货物或劳务或双方约定的其他办法来偿还贷款。该案例题中所提的是外商以信贷方式向我提供设备后，再为我方代销产品，这不是补偿贸易方式。因此按照补偿贸易的要求，我方不能接受这条件。

5．答：拍卖行拒绝是有道理的。根据《拍卖法》第六十一条，“拍卖人、委托人在拍卖前声明不能保证拍卖标的物的真伪或品质的，不承担瑕疵担保责任。”案例在拍卖条件中已做了明确的规定，可以拒绝公司提出的索赔要求。

综合测试题部分

综合测试一

一、名词解释（下列每道题3分，共15分）

1．Counter Sample。对等样品。（1分）当卖方采用凭买方样品买卖时，为了减少交货时的风险，卖方可根据买方提供的样品加工复制出一个类似的样品交买方确认。这种经确认后的样品，我们称为对等样品或回样，有时也称之为确认样品。（2分）

2．共同海损。指载货船只在运输途中遇到灾害、事故，威胁到船舶和所有货物的共同安全。为了解除这种威胁，维护船货的共同安全，使航程得以继续完成，由船方有意识地、合理地采取措施所作出的某些特殊牺牲或支出的某些特殊费用，这些损失和费用即共同海损。

3．Offer。发盘。（1分）又称发价或报价。指交易一方向对方提出各项交易条件，并愿意按这些条件达成交易、订立合同的一种肯定表示。（2分）

4. more or Less Clause。溢短装条款。（1 分）是指在合同中，规定交货数量允许有一定范围的波动幅度，并明确溢短装部分由谁选择和如何作价的条款。（2 分）

5. Bills of Exchange， Draft。汇票。（1 分）是指一个人向另一个人签发的，要求即期或定期或在可以确定的将来的时间，对某人或者指定人支付一定金额的无条件的书面支付命令。（2 分）

二、单项选择题 （下列每道题1分，共15分）

1. B 2. B 3. A 4. B 5. A 6. B 7. A 8. C
9. A 10. D 11. A 12. D 13. B 14. B 15. C

三、多项选择题（下列每道题2分，共10分，多选少选均不得分）

1. ABD 2. AB 3. ABC 4. BCD 5. BCD

四、判断题（下列每道题1分，共20分）

1. × 2. × 3. × 4. × 5. × 6. × 7. × 8. × 9. √ 10. × 11. √
12. × 13. × 14. × 15. × 16. × 17. × 18. × 19. × 20. √

五、技能操作题（下列每道题5分，共30分。案例分析仅为参考答案，只要答案意思相近即可得分，若有创新答案且有道理可循，也可得分）

1. 这一合同的性质不再属于 CIF 合同。（1 分）

因为根据《2000 通则》中 CIF 贸易术语是装运港交货贸易术语，卖方在装运港货物越过船舷风险就转移给买方；同时 CIF 还是典型的象征性交货贸易术语，交单等于交货，并不保证到货，只要卖方提供齐全、正确的货运单据，买方不能拒收单据，拒付货款。（2 分）

本案例合同中规定“卖方保证运货船只不得迟于 12 月 2 日驶抵目的港”，则是要卖方承担货物越过船舷后的一切风险，同时合同中规定“如货轮迟于 12 月 2 日抵达目的港，买方有权取消合同。如货款已收，卖方须将货款退还买方”，实际上成了货到付款。因此也从根本上改变了 CIF 贸易术语的性质。（2 分）

2. 我方无需承担赔偿责任。（1 分）

因为根据《联合国国际货物销售合同公约》第八十二条（1）的规定：买方如果不可能按实际收到货物的原状归还货物，他就丧失宣告合同无效或要求卖方支付替代货物的权利。（2 分）

本案例中，买方收到的货物是纯毛纺织品，而他选称索赔的产品是“服装”，已经不可能按照货物的原状归还货物，因此他也就丧失了索赔的权利。（2 分）

3. 议付行的拒付有理。（1 分）

根据《UCP600》的规定：除非信用证规定货物的指定数量不得有增减外，在所支付款

项不超过信用证金额的条件下，货物数量准许有 5%的增减幅度，但以包装单位或个数计数时，则此增减幅度不适用。(2 分)

本案例中的产品为风扇，是以个数为计数单位的，在信用证中也没有规定有溢短装条款，则不适用于 5%的增减幅度，同时信用证中规定“不许分批装运”，则我方必须一次性的装运 1000 台风扇，实际上我方少装 40 台，则单据中显示的数量为 960 台，这与信用证的数量不符，银行有权拒付。(2 分)

4．银行的拒付不合理。(1 分)

因为根据《UCP600》的规定：“运输单据表面上注明同一运输工具，同一航次、同一目的地的多次装运，即使其表面上注明的装运日期及/或不同的装货港、接受监管地或发运地，将不视作分批装运。”(2 分)

本案例中我方由于货源关系在青岛仅装运一部分，在烟台又装一部分，所提交的提单虽然是在青岛与烟台两港分别装在一条船，但根据上述《UCP500》规定，根本不算为分批装运。因此银行无权拒付。 (2 分)

5．保险公司对该批货物的损失应承担赔偿责任。(1 分)

因为根据中国人民保险公司海洋运输货物保险条款中关于平安险的规定的承保责任范围第三条：“在运输工具已经发生搁浅、触礁、沉没、焚毁意外事故的情况下，货物在此前后又在海上遭受恶劣气候、雷电、海啸等自然灾害所造成的部分损失。”(2 分)

本案例中外贸公司的货在“触礁致使该批货物遭到价值为 8000 美元损失”之前又遭到“暴风雨致使货物受到水渍，损失价值 2100 美元”，属于承保范围内的损失，因此保险公司应对遭受暴风雨与触礁而受到损失的货物承担赔偿责任。(2 分)

6．我方无需发货。(1 分)

因为根据《联合国国际货物销售合同公约》规定：当发盘规定了有效期时，受盘人必须在规定的时限内作出接受，方为有效。同时第二十一条还规定“逾期接受仍有接受的效力，如果发盘人毫不迟疑地用口头或书面将此意见通知受盘人”。(2 分)

本案例中发盘的“有效期至 8 月 20 日，我方于 8 月 22 日用电传表示接受”，即为逾期接受，而且“对方一直没有音讯”，此时接受已经无效，合同也就不成立，因此我方也就无需发货。(2 分)

六、单证缮制题（下列单据每空1分，共10分）

BILL OF EXCHANGE

No.: (1) ITBE001121

For: (2) USD19745.00　　　　(3) GUANGZHOU, DEC.20, 2004

(amount in figure)　　　　(place and date of issue)

At（4） ****** sight of this Second of Exchange(First of the same and date unpaid) pay to the order of (5)BANK OF CHINA， GUANGZHOU BRANCH the sum of(6)SAY US DOLLARS NINTEEN THOUSAND SEVEN HUNDRED AND FOURTY FIVE ONLY

(amount in words)

Drawn under（7）DEUTSCHE BANK（ASIA）HONGKONG

L/C NO.（8）756/05/1495988 dated（8）NOV.20， 2004

To： For and on behalf of

（9） （10）

DEUTSCHE BANK（ASIA）HONGKONG CHINA NATIONAL ARTS AND CRAFTS IMP. & EXP. CORP. GUANGDONG （HOLDINGS）BRANCH.

综合测试二

一、名词解释（下列每道题3分，共15分）

1. 押汇：又称买单结汇，是指议付行在审单无误情况下，按信用证条款买入受益人（外贸公司）的汇票和单据，从票面金额中扣除从议付日到估计收到票款之日的利息，将余款按议付日外汇牌价折成人民币，拔给受益人。

2. 备用信用证：备用信用证又称商业票据信用证、担保信用证，是指开证行根据开证申请人的请求对受益人开立的承诺承担某项义务的凭证。即开证行保证在开证申请人未能履行其应旅行的义务时，受益人只要凭备用信用证的规定向开证行开具汇票（或不开汇票），并提交开证申请人未能履行义务的声明或证明文件，即可取得开证行的偿付。

3. 不可抗力：是指当事人在订立合同时不能预见，对其发生和后果不能避免并不能克服的事件。《合同法》规定：因不可抗力不能履行合同的，根据不可抗力的影响，部分或者全部免除责任，但法律另有规定的除外。当事人迟延履行后发生不可抗力的，不能免除责任。

4. 班轮运输：又称定期船运输，是指船舶按照固定的船期表（Sailing-Schedule），沿着固定的航线和港口来往运输，并按相对固定的运费率收取运费。它有 4 个固定：固定航线、固定港口、固定船期、和相对固定的费率。

5. 逾期接受：逾期的接受又称为迟到的接受，指接受通知到达发价人的时间已经超过了发价所规定的有效期，或者在发价未规定有效期时，已超过了合理的时间。

二、单项选择题（共15题，每小题正确得分1分，共15分）

1. A 2. B 3. D 4. C 5. A 6. A 7. D 8. B
9. C 10. C 11. B 12. B 13. C 14. C 15. B

三、多项选择题（共5题，每小题正确得2分，多选或少选均不得分，共10分）

1. ABC 2. ABC 3. BCE 4. BD 5. ABE

四、判断题（共20题，每小题正确得分1分，共20分）

1. × 2. × 3. √ 4. √ 5. √ 6. × 7. × 8. √ 9. × 10. √
11. × 12. √ 13. √ 14. × 15. × 16. × 17. × 18. × 19. √ 20. √

五、技能操作题（共6小题，每小题5分，共30分）

1. 答：(1) 买方对于其所开票据完全有理由拒收拒付。(1 分)

(2) 国际贸易中，《公约》对溢短装条款解释为不但总量受其约束，所列每种具体规格和数量亦受其约束。(2 分)

(3) 案例中虽然总量符合要求，但卖方所交每种具体规格的钢板均与 5%的约定相差甚大，其中 12 英尺钢板超装运 110%，这是违反合同的。所以买方对于其所开票据完全有理由拒收拒付。(2 分)

2. 答：(1) 合同的性质不再属于 CIF 合同。(1 分)

(2) 合同条款内容与 CIF 本身的解释相抵触。抵触有二；一是合同在 C1F 条件下竟规定了“到货日期”。这与 CIF 价格术语所赋予的风险界限划分的本意相触，按 CIF 是装运港交货，货物超越船舷后的一切风险均由买方负责。如果限定到货日期，岂不是要卖方承担超越船舷后的一切风险；二是 CIF 是“象征性交货”，只要卖方提供齐全、正确的货运单据，买方不能拒收单据，拒付货款。(2 分)

(3) 而该合同竟规定‘如货运船只不能如期到达，买方将收回货款，实际上成了货到付款。由此看来，该合同的一些主要条款已与 CIF 价格术语的本意相抵触。尽管名义上是按 CIF 成交，但实质上并不是 CIF 合同性质。(2 分)

3、答：(1) 美方的要求合理。(1 分)

(2) 根据《1941 年美国对外贸易定义修订本》解释，FOB 价格术语下买方须自担风险，自负费用取得出口通关手续，卖方只有在买方的请求下并承担费用的情况下，协助买方取得出口证件。(2 分)

(3) 该案例中，买卖双方签定的是 FOB Vessel New York 价格术语，由此可以该价格术语采用的是《1941 年美国对外贸易定义修订本》惯例解释，因此，卖方的要求合理。(2 分)

4. 答：(1) 1、3 是因火灾而造成的直接损失，属单独海损。(1 分)

（2）2、4、5 是因维护船、货共同安全，进行灌水灭火而造成的损失和产生的费用，属于共同海损。（1 分）

（3）CIC 条款规定：所谓的“共同海损”，是指在同一海上航程中，船舶、货物和其他财产遭遇共同安全，为尽量减少损失而有意的、合理采取的措施而直接造成的特殊牺牲、支付的特殊费用。案例中船长为了船货的共同安全，决定采取紧急措施，往舱中灌水灭火，由此造成的损失属于共同海损。与共同海损相对应，并非为了大家的共同利益而作出的牺牲，而是因自然灾害或意外事故等其他原因直接造成的船舶或货物的损失被称为单独海损。（3 分）

5、答：（1）银行拒付是合理的。（1 分）

（2）《UCP600》规定如在信用证规定的指定时间内分批装运，其中任何一批未按批分批装运，信用证对该批和以后各批货物均告失效，除非信用证另有规定。（2 分）

（3）本案例信用证规定 6 至 10 月份 5 个月分批等量装运。我方公司于 6、7 月份每月运出 2000 公吨，并分别向银行交单议付，取得货款。8 月份因货物未备妥故延至 9 月份共装运 4000 公吨运出，违反了信用证的规定。所以遭到银行的拒绝付款。（2 分）

6．答：（1）甲公司与乙公司之间合同不成立。（1 分）

（2）《联合国国际货物销售合同公约》第 15 条规定：“一项发价，即使是不可撤销的，得予撤回，如果撤回通知于发价送到被发价人之前或同时到达被发价人。”（2 分）

（3）本例受盘人接受通知虽于我规定期限内到达，但我方 5 月 7 日发盘已被 5 月 10 日电报撤回，撤回通知与发盘于 5 月 11 日上午同时送达乙公司，撤回有效，原发盘没有生效，所以乙公司接受无效，双方合同关系没有成立。2 分

六、单证缮制题10%（下列单据每空1分，共10分）

中 国 人 民 保 险 公 司

THE PEOPLE'S INSURANCE COMPANY OF CHINA

总公司设于北京　　　　一九四九年创立

Head office: BEIJING　　　　Established 1949

保 险 单　　　　保险单号次

INSURANCE POLICY　　　　**POLICY NO. PICCSH 988784**

中国人民保险公司（以下简称本公司）

THIS POLICY OF INSURANCE WITNESSES THAT THE PEOPLE'S INSURANCE COMPANY OF CHINA (HEREINAFTER CALLED "THE COMPANY")

根据

AT THE REQUEST OF **ABC COMPANY, NANJING**

(以下简称被保险人）的要求，由被保险人向本公司缴付约

（HEREINAFTER CALLED " THE INSURED "）AND IN CONSIDERATION OF THE AGREED PREMIUM PAID TO THE COMPANY BY THE

定 的 保 险，按 照 本 保 险 单 承 保 险 别 和 背 面 所 载 条 款 下 列

INSURED UNDERTAKES TO INSURE THE UNDERMENTIONED GOODS IN TRANSPORTATION SUBJECT TO THE CONDITIONS OF THIS POLICY

特 款 承 保 下 述 货 物 运 输 保 险，特 立 本 保 险 单

AS PER THE CLAUSES PRINTED OVERLEAF AND OTHER SPECIAL CLAUSES ATTACHED HEREON

标记 MARKS & NOS	包装及数量 QUANTITY	保险货物项目 DESCRIPTION OF GOODS	保险金额 AMOUNT INSURED
SKIRTS —NEW YORK	(2) 100 CARTONS	(3) GIRL'S SKIRTS	(4) USD55，000

总 保 险 金 额:

TOTAL AMOUNT INSURED: **(5) SAY US DOLLARS FIFTY FIVE THOUSAND ONLY**

保 费 费 率 装载运输工具

PREMIUM AS ARRANGED RATE AS ARRANGED PER CONVEYANCE S.S. FREEDOM V.123

开 航 日 期 自 至

SLG. ON OR ABT. JAN. 3. 2005 FROM **(6) NANJING** TO **(7) NEW YORK**

承 保 险 别:

CONDITIONS **(8)**

COVERING OCEAN TRANSPORTATION CLAUSES ALL RISKS，STRIKES RIOTS AND CIVIL COMMOTIONS CLAUSES OF PICC， WAREHOUSE TO WAREHOUSE， I.O.P

所 保 货 物，如 遇 出 险，本 公 司 凭 本 保 险 单 及 其 他 有 关 证 件 给 付 赔 款。

CLAIMS， IF ANY， PAYABLE ON SURRENDER OF THIS POLICY TOGETHER WITH OTHER RELEVANT DOCUMENTS

所 保 货 物，如 发 生 本 保 险 单 项 下 负 责 赔 偿 的 损 失 或 事 故，

IN THE EVENT OF ACCIDENT WHEREBY LOSS OR DAMAGE MAY RESULT IN A CLAIM UNDER THIS POLICY IMMEDIATE NOTICE

应 立 即 通 知 本 公 司 下 述 代 理 人 查 勘。

APPLYING FOR SURVEY MUST BE GIVEN TO THE COMPANY'S AGENT AS MENTIONED HEREUNDER:

LIBERTY MUTUAL INSURANCE COMPANY

NEW YORK

TEL: 212-333-6666

赔款偿付地点

CLAIM PAYABLE AT/IN **(9) NEW YORK(IN USD)**

日期：

DATE: JAN. 3. 2005

地址:中国南京石鼓路25号

Address: 25 Shi Gu Road， Nanjing， China.

Post Code: 210029

Endorsed: (10) ABC COMPANY， NANJING

中国人民保险公司南京分公司

THE PEOPLE'S INSURANCE COMPANY OF CHINA

NANJING BRANCH

林 达 芝

General Manager

综合测试三

一、名词解释（下列每道题3分，共15分）

1．国际贸易惯例

是经过长期反复的实践而逐渐形成的一些有较为明确、固定内容的贸易习惯和一般做法。

2．倒签提单

由于货物实际装船完毕日期迟于信用证规定的装运日期，若仍按实际装船日期签发提单，肯定影响结汇，为了使签发提单日期与信用证规定的装运日期相吻合，以便结汇，承运人应托运人的要求，在提单上仍按信用证规定的装运日期签发，这种提单称为“倒签提单”。倒签提单显示的时间比实际装船时间要早，所以称倒签提单。

3．共同海损

是指在同一海上航程中，船舶、货物和其他财产遭遇共同危险，为了共同安全，有意地合理地采取措施所直接造成的特殊牺牲、支付的特殊费用。

4．汇票

是由出票人签发的，要求付款人在见票时或在一定期限内，向收款人或持票人无条件支付一定款项的书面支付命令。

5．发盘

也叫发价，指交易的一方（发盘人）向另一方（受盘人）提出各项交易条件，并愿意按这些条件达成交易的一种表示。

二、单项选择题（本大题共10题，每小题1分，共10分）

1. A 2. A 3. B 4. B 5. C 6. B 7. C 8. D 9. B 10. D

三、多项选择题（本大题共5题，每小题2分，共10分）

1. CDE 2. BC 3. ABCDE 4. DE 5. ABCE

四、判断题（本大题共10题，每小题1分，共10分）

1. √ 2. × 3. √ 4. × 5. √ 6. × 7. √ 8. × 9. × 10. ×

五、技能操作题（下列第1题6分，第2、3题每题7分，共20分）

1. 解：$\text{CIF 净价}=\dfrac{\text{CFR}}{1-\text{保险加成X保险费用率}}$ ----------------（1 分）

$=\dfrac{2000}{1-1.1\times1\%}$ ------------------（1 分）

$=2022.2447\text{USD}$ ------------------（1 分）

$\text{CIF 含佣价}=\dfrac{\text{净价}}{1-\text{佣金率}}$ ------------------（1 分）

$=\dfrac{2022.2447}{1-4\%}$ ------------------（1 分）

$\approx2106.50\text{USD}$ ------------------（1 分）

答：我方应报价 2106.50USD。

2. 答：（1）根据 INCOTERM 2000 的规定，在 CIF 术语下货物风险自货物越过装运港的船舷时由卖方转移给买方。（2 分）

（2）开证行无权拒付（1 分）。根据国际商会制定的《跟单信用证统一惯例》，银行只负责审单，只要单据与信用证条款相符，银行就须承担付款义务。（2 分）

（3）买方可凭保险单及有关载货船舶沉没于大海的证明到卖方投保的保险公司索赔。（2 分）

3. 答：（1）能够成立。（1 分）因为按 FOB 条件，由买方指定船只并订立运输合同，（1 分）如果买方指定的船只不能在规定日期到达，则应由买方负担由此而产生的一切额外费用。（1 分）在本案中，B 并没有按期派船前来接运，造成逾期提货，违反了双方之间的合同约定，应当对延误时期 A 方支付的大米仓储保管费及其他费用负责。（1 分）

（2）不能成立。（1 分）因为按 FOB 条件，买方承担货物自装运港越过船舷以后的一切风险。（1 分）买方 A 只能保证大米在交货时的品质，对运输途中所引起的大米品质变化不属卖方责任，而且合同规定:以中国商检局的检验证明为最后依据，而保存在中国商品检验局的检验货样至争议发生后仍然完好，未发生虫害，因此可以肯定卖方 A 交货时的品质是完好的。（1 分）

六、单证缮制题（本大题共2小题，第1小题5分，第2小题30分，共35分）

1．审证题：

（1）信用证的性质错误，应改为 IRREVOCABLE （1 分）

（2）信用证的有效期与有效地点与合同不符，应改为 AUGUST.15， 2006 IN CHINA （1 分）

（3）信用证的装运期与合同不符，应改为 JULY. 31， 2006 （1 分）

（4）信用证的汇票期限与合同不符，应改为 AT SIGHT （1 分）

（5）信用证的货物装箱要求与合同不符，应改为 IN FOUR 40' CY TO CY （1 分）

2．制单：

BILL OF EXCHANGE

No.2006/01034（1）

For USD226800.00（2） TIANJIN,CHINA JUNE 25.2006（3）
(amount in figure) **(place and date of issue)**

At （4） **sight of this FIRST Bill of exchange(SECOND being unpaid)**

Pay to BANK OF CHINA, TIANJIN BRANCH（5） **or order the sum of**

SAY US DOLLARS TWO HUNDRED AND TWENTY-SIX THOUSAND EIGHT HUNDRED ONLY（6）
(amount in words)

Value received for 720SETS（7） **of** GREAT WALL BRAND COLOUR TELEVISION SE（8）
（quantity） （name of commodity）

Drawn under THE ROYAL BANK OF CANADA（9）

L/C No. 06/0510-FC **dated** 25-May-06

To:（10） **For and on behalf of**

THE ROYAL BANK OF CANADA TIANJIN SHANGSHI IMPORT & EXPORT CORP.

1052 WEST GEORGIA STREET, 10 GEXIN ROAD, HEBEI DISTRICT, TIANJIN, CHINA

VANCOUVER, B. C. V6E 383 (Signature)

注：各项均为 1 分，共 10 分。

BILL OF LADING

1)SHIPPER TIANJIN SHANGSHI IMPORT & EXPORT CORP. 10 GEXIN ROAD, HEBEI DISTRICT, TIANJIN,CHINA		B/L NO. DK101 COSCO 中国远洋运输（集团）总公司 CHINA OCEAN SHIPPING (GROUP) CO. *ORIGINAL* Combined Transport BILL OF LADING
2)CONSIGNEE TO ORDER OF THE ROYAL BANK OF CANADA		
3)NOTIFY PARTY JAMES & SONS CO. #304-7 JALAN STREET, TORONTO, CANADA		
PLACE OF RECEIPT	4)OCEAN VESSEL CHANGQING	
5)VOYAGE NO. V.1908	6)PORT OF LOADING TIANJIN, CHINA	
7)PORT OF DISCHARGE TORONTO, CANADA	PLACE OF DELIVERY	

MARKS	8) NOS. & KINDS OF PKGS.	9)DESCRIPTION OF GOODS	10) G.W.(kg)	11)MEAS(m^3)
N/M	720CARTON	GREAT WALL BRAND COLOUR TELEVISION SETS	26640.00KC	219.820m^3

4×40'FCL CY TO CY

CONTAINER NO.:BSKD90134592、90134593、90134595、90134598

12)	FREIGHT PREPAID

TOTAL NUMBER OF CONTAINERS OR PACKAGES(IN WORDS)	SAY SEVEN HUNDRED AND TWENTY CARTONS ONLY				
FREIGHT & CHARGES	REVENUE TONS	RATE	PER	PREPAID	COLLECT
PREPAID AT	PAYABLE AT		PLACE AND DATE OF ISSUE TIANJIN,CHINA JUNE 15, 2006		
TOTAL PREPAID	NUMBER OF ORIGINAL B(S)L THREE(3)				
LOADING ON BOARD THE VESSEL DATE	BY		CHINA OCEAN SHIPPING (GROUP)CO		

15-Jun-06 CHINA OCEAN SHIPPING (GROUP) CO.

***

注：除（4）（5）（6）（7）项为 1 分，其余各项均为 2 分，共 20 分

综合测试四

一、名词解释（下列每道题3分，共15分）

1．中性包装

中性包装是指商品和内外包装上均无生产国别和生产厂商名称的包装。

2．清洁提单

清洁提单是指没有在提单上对货物的表面状况作出货损或包装不良之类批注的提单，它表明承运人在接收/装船时，该货物的表面状况良好。

3．仓至仓条款

仓至仓条款（Warehouse to warehouse）海上货物运输保险合同中，规定保险责任起止期的条款一般为：保险期间自货物从保险单载明的起运港（地）发货人的仓库或储存处开始运输时生效，到货物运达保险单载明目的港（地）收发人的最后仓库或被保险人用作分配、分派或非正常运输的其他储存处所为止。

4．背书

背书是一种票据行为，是票据转让的一种重要方式。背书是由持票人在票据背面签上自己的名字，并将票据交付给受让人的行为。

5．不可抗力

又称人力不可抗拒，它是指在货物买卖合同签订以后，不是由于订约者任何一方当事人的过失或疏忽，而是由于发生了当事人既不能预见，又无法事先采取预防措施的意外事故，以一致不能履行或不能如期履行合同，遭受意外事故的一方可以免除履行合同的责任或延期履行合同。

二、单项选择题（下列每道题1分，共10分）

1．C 2．D 3．B 4．B 5．B 6．D 7．C 8．A 9．C 10．C

三、多项选择题（下列每道题2分，共10分）

1．ABC 2．ABC 3．ACD 4．ABC 5．ABC

四、判断题（下列每道题1分，共10分）

1．× 2．× 3．√ 4．× 5．× 6．× 7．× 8．× 9．√ 10．×

五、技能操作题（下列第1题6分，2、3题每题7分， 共20分）

1．解：

每箱货物出口总成本＝100×(1＋15%）－7 ------------------（1 分）

＝108 元人民币 --------------------（1 分）

每箱货物出口销售外汇净收入＝19－1.2 -------------------- （1 分）

＝17.8 美元 -------------------- （1 分）

换汇成本＝108/17.80 -------------------- （1 分）

＝6.07 元人民币/美元------------ （1 分）

2．答：（1）合同未成立（1 分）根据我国《涉外经济合同》规定；“一方当事人要求签订确认书的，签订确认书时，方为合同成立”。（1 分）也就是说，双方当事人采用信件、电报电传方式达成协议后，如果一方在要约或承诺中提出了签订确认书的要求，那么，即使双方已经以要约与承诺的方式协商一致，合同仍未成立，只有在一方将确认书邮寄对方交换签字后，合同才成立。（1 分）本案中，买方虽然寄来了销售确认书，但对确认书内容进行了修改，卖方未予以签字确认，即说明合同未成立。（1 分）

（2）信用证无效（1 分）。信用证是从属于销售合同的，只有经过双方承认的确认书有效成立，才能谈得上基于主合同而开立信用证这种支付方式的有效与否。（1 分）在本案中，买卖合同尚未成立，卖方单方面退回信用证并不是毁约行为。由于买方单方面修改了确认书的内容，开立了不符合确认书内容的信用证，故该信用证无效。（1 分）

3．答：（1）a 情况应向卖方索赔，（1 分）因为原装货物有内在缺陷。（1 分）

（2）b 情况应向承运人索赔，（1 分）因为承运人已签发清洁提单，在日的港应如数交足。（1 分）

（3）c 情况应向保险公司索赔（1 分）因为短量属于一切险保险责任范围，（1 分）但如进口人能举证原装不足，也可向卖方索赔（1 分）

六、单证缮制题（下列第1题15分，第2题20分，共35分）

1、填制合同的答案（每格 1 分，共 15 分）

SALES CONFIRMATION

S/C No.: JH-FLSSC01

Date: JULY 15，2006

The Seller: FAREAST TRADING CORP. **The Buyer:** F.L.SMIDTH & CO. A/S

Address: 8TH FLOOR， JIN DU BUILDING， 277 WU XING ROAD， SHANGHAI， CHINA

Address: 77， VIGERSLEV ALLE， DK-2500 VALBY， COPENHAGEN， DENMARK

Item No.	Commodity &Specifications	Unit	Quantity	Unit Price (US$)	Amount (US$)
	(1)FOREVER BRAND BICYCLE			(4)CIFC5% COPENHAGEN	
1	YE803 26’	SET	(2) 600	(5)USD66.00	(7)USD39600.00
2	TE600 24’	SET	(3) 600	(6)USD71.00	(8)USD42600.00
					(9)USD82200.00
TOTAL CONTRACT VALUE: (10) SAY US DOLLARS EIGHTY TWO THOUSAND AND TWO HUNDRED ONLY					

PACKING:(11)TO BE PACKED IN CARTONS OF ONE SET EACH，TOTAL 1200 CARTONS

PORT OF LOADING & DESTINATION: (12) FROM SHANGHAI CHINA TO COPENHAGEN， DENMARK.

TIME OF SHIPMENT: (13) TO BE EFFECTED BEFORE THE END OF SEPTEMBER 2006 WITH PARTIAL SHIPMENT ANDTRANSHIPMENT ALLOWED

TERMS OF PAYMENT: (14) THE BUYER SHALL OPEN THROUGH A BANK ACCEPTABLE TO THE SELLER AN IRREVOCABLE LETTER OF CREDIT PAYABLE AT 30 DAYS SIGHT WHICH SHOULD REACH THE SELLER BY THE END OF AUG.31，2006 AND REMAIN VALID FOR NEGOTIATION IN CHINA UNTIL 15TH DAY AFTER THE DATE OF SHIPMENT.

INSURANCE: (15) THE SELLER SHALL COVER INSURANCE AGAINST ALL RISKS AND WAR RISK FOR 110% OF THE TOTAL INVOICE VALUE AS PER THE RELEVANT OCEAN MARINE CARGO CLAUSES OF THE PEOPLE'S INSURANCE COMPANY OF CHINA DATED 1/1/1981.

REMARKS:

（一）The buyer shall have the covering letter of credit reach the Seller 30 days before shipment, failing which the Seller reserves the right to rescind without further notice, or to regard as still valid whole or any part of this contract not fulfilled by the Buyer, or to lodge a claim for losses thus sustained, if any.

（二）In case of any discrepancy in Quality/Quantity, claim should be filed by the Buyer within 130 days after the arrival of the goods at port of destination; while for quantity discrepancy,r claim should be filed by the Buyer within 150 days after the arrival of the goods at port of destination.

（三）For transactions concluded on C.I.F. basis,r it is understood that the insurance amount will be for 110% of the invoice value against the risks specified in the Sales Confirmation. If additional insurance amount or coverage required,r the Buyer must have the consent of the Seller before Shipment,r and the additional premium is to be borne by the Buyer.

（四）The Seller shall not hold liable for non-delivery or delay in delivery of the entire lot or a portion of the goods hereunder by reason of natural disasters,r war or other causes of Force Majeure,r However,r the Seller shall notify the Buyer as soon as possible and furnish the Buyer within 15 days by registered airmail with a certificate issued by the China Council for the Promotion of International Trade attesting such event(s).

（五）All deputies arising out of the performance of,r or relating to this contract,r shall be settled through negotiation. In case no settlement can be reached through negotiation,r the case shall then be submitted to the China International Economic and Trade Arbitration Commission for arbitration in accordance with its arbitral rules. The arbitration shall take place in Shanghai. The arbitral award is final and binding upon both parties.

（六）The Buyer is requested to sign and return one copy of this contract immediately after receipt of the same. Objection,r if any,r should be raised by the Buyer within 15 days otherwise it is understood that the Buyer has accepted the terms and conditions of this contract.

（七）Special conditions: (These shall prevail over all printed terms in case of any conflict.)

Confirmed by:

THE SELLER **THE BUYER**

FAREAST TRADING CORP. F.L. SMITH & Co.

MANAGER

(signature) (signature)

2．审核出信用证的不符点：(以下不符点每个 2 分,r 共 20 分)

WestLB(Europa) A. G.

P. O. BOX 2230 3000 CE Copenhagen The Denmark **IRREVOCABLE DOCUMENTARY CREDIT**

<table>
<tr><td>Cable Stanchart Telex 24108 (SCBR NL)
Telephone (010) 4365322</td><td colspan="2">OUR REFERENCE
FLS-JHLC01</td><td>DATE OF ISSUE
JULY 27TH,r 2006</td></tr>
<tr><td colspan="2">THIS IS AN OPERATIVE CREDIT INSTRUMENT</td><td colspan="2">DATE OF EXPIRY: <u>OCT. 15TH,r 2006</u> ——（1）
PLACE OF EXPIRY: <u>IN CHINA</u>——（2）</td></tr>
<tr><td colspan="4">Documents to be presented within 15 days after the date of issuance of the transport document(s) but within the validity of the credit.</td></tr>
<tr><td colspan="2">APPLICANT
F.L.SMIDTH & CO. A/S
77,r Vigerslev Alle,r <u>DK-2500</u>——（3）Valby
Copenhagen Denmark Fax: (01) 20 11 90</td><td colspan="2">BENEFICIARY
GOLDEN SEA TRADING CORP.
8th Floor,r Jin Du Building,r 277 Wu Xing Road,r
Shanghai,r China</td></tr>
<tr><td colspan="2">ADVISING BANK
Bank of China
23,r Zhongshan Dong Yi Lu,r Shanghai P.R. of China</td><td colspan="2">AMOUNT USD 82,r200.00
SAY US DOLLARS EIGHTY AND TWO THOUSAND AND TWO HUNDRED ONLY.</td></tr>
<tr><td>Partial shipments
ALLOWED</td><td>Transshipment
ALLOWED</td><td colspan="2">Credit available with
ADVISING BANK by NEGOTIATION</td></tr>
<tr><td colspan="2">Shipment/Dispatch/Taken in charge from/at Shanghai</td><td colspan="2">against presentation of the documents</td></tr>
</table>

Not later than: **SEP. 30,r 2006**—— (4) To: COPENHAGEN	detailed herein and of your draft(s) at 30 DAYS SIGHT drawn on OUR BANK

DOCUMENTS REQUIRED:

- Signed commercial invoice in 3 copies mentioning l/c no. and vessel's name,r together with beneficiaries' declaration confirming that one set of non-negotiable docs. has to be sent to the applicant.

- **3/3**——（**5**） original clean shipped on board marine bill of lading issued to order and endorsed in blank,r marked freight prepaid and notify the applicant.

- GSP Form A in duplicate,r issued and signed by the commodity inspection bureau in Shanghai.

- Marine insurance policy in duplicate endorsed in blank for 110 percent of the invoice value against all risks & war risk,r subject to CIC dated 1.1.1981 claims to be payable in Denmark in currency of the draft.

- Packing list in 3-fold showing color assortment of each art no.,r gross weight,r net weight and measurement of each package.

-1/3 original clean shipped on board marine bill of lading should be airmailed to the Applicant within 48hours after shipment effected,r A statement of the same is required in negotiation.-----删除此条款——（6）

- Beneficiaries copy of fax to the applicant,r advising shipping details including name of vessel,r voyage no. L/C no. B/L no. quantity shipped,r No. of packages,r total amount,r ETD/ETA,r name of 2nd vessel (if possible) within 24 hours after shipment effected.

SPECIAL INSTRUCTIONS:

+ Transshipment is allowed **anywhere**——（**7**）

GOODS:

S/C.NO. **JH-FLSSC01**——（**8**）: "FOREVER" BRAND BICYCLE 600 SETS YE803 **26'** ——（**9**）@USD66.00/SET & 600 SETS TE600 **24'** ——（**9**）

@USD71.00/SET CIFC5 COPENHAGEN

SHIPPING MARK:

FLS

9711

1-1200

INSTRUCTIONS FOR NEGOTIATING BANK:

- Documents to be sent to us by registered airmail in two sets COPENHAGEN

- We will cover you upon receipt of documents in order.

-Documents to be presented within **15**——（**10**） days after the date of issuance of the transport documents

WestLB	(Europa) A.G.
ADEL	**JONG**
G.Den Adel (A570)	W.E. de Jong (A573)

SUBJECT TO UNIOFORM CUSTOMS AND PRACTICE FOR DOCUMENTARY CREDITS (1993 REV.) I.C.C. PUBLICATION NO. 500